宇宙学校

アースリングコミュニティ

滝沢泰平

きれい・ねっと

はじめに

本書はこれまでの自分自身のすべての活動記録と、そこで得た知識と実践を通したコミュニティ論の書き下ろしとなります。

２０１０年代、自身の活動10年の節目における総集編と、２０２０年から始まる新たな10年に向けての１つの指針となる生き方を、一切の出し惜しみなく本音でまっすぐに伝えているつもりです。

次の10年は、おそらく自分の人生にとってもっとも大事な10年となります。これまでが準備運動というわけではありませんが、２０１９年を過ぎてから準備期間が終わったということを明らかに感じているのです。

ステージが変わる時には、時には大きな手放しも必要。

本書をひとつの区切りとして、これまでの活動で築き上げたものに執着を持たず、次なる世代や人々に引き継げるものは引き継ぎ、なるべく空っぽ、身軽になって２０２０年からの新たなミッションを生きていこうと思っています。

これから20年先の２０４０年には、今の世界は大きく変わっていることでしょう。

その前半10年は今を生きる誰にとってもとても大事な期間。

約束した方々との果たすべき約束の本番が始まります。

かねてより自分が願う世は、誰もがこの惑星、地球の住人として、それぞれの意識、魂らしく生きて調和する平和な世界。

自分なりの立場でのできることを次なるステージではやりきろうと思ってお

り、具体的には、今年から本格的に世の立て直し、新しい社会の創造、まことの国造りを実践しようと思います。

今のままの世では継続が難しいことは明らかであり、この10年間ほどを立替の最後のチャンスと捉え、早急に現実世界を変えていく必要があります。

自分自身、限られた時間の中で、もう個人の範疇《はんちゅう》で活動することを手放し、自分ができることとできないことを明確にしたうえで、今は遠慮なく自分にできないことは協力を求めるスタンスを取るようにしています。

その逆に、自分ができることで貢献できることは、ジャンルや規模など関係なく、とことん自分を使って生かしていただき、それぞれの個性で役割分担をし、次なる世界へ向けた破壊と創造を進めていきます。

そして、われわれが目指すのは「アースリングコミュニティ」。

「アースリング」とは「地球に住む者たち」を指す新しい言葉であります。これまでにつくられてきたすべての境界線を超えて、新しく創るのは宇宙船地球号という船の舵を取る、地球人によるコミュニティなのです。

新たなる時代に向けて、ともに歩みを進める皆さんにぜひお読みいただき、存分にお役立ていただければ幸いです。

もくじ

第1章
「真実の平和」への道

א

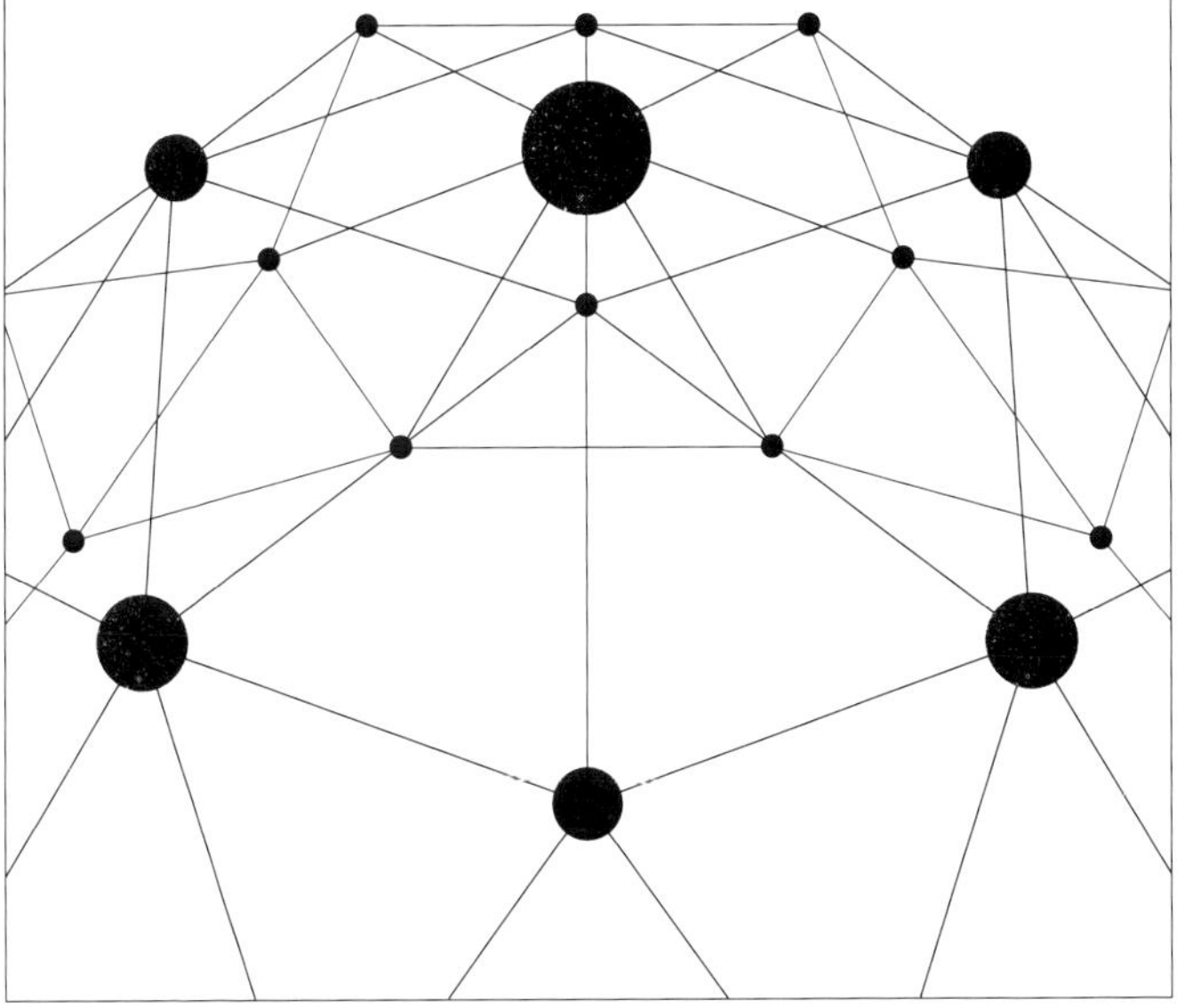

「真実の平和」への道

Peaceful World!

真の平和とは物質的な平和ではなく、
心の平和、魂の平和であります。

現代社会に真実の平和はあるのでしょうか？

宇宙から来た私達は、本来の使命を忘れ、
人々の心は平和とはかけ離れた状態へ日々突き進んでいます。

皆が真実の自分を取り戻し、
心の平和を取り戻したときにPeaceful Worldは訪れると思います。

宇宙から期待されたあなたが、
期待の一歩を進めるように情報をお届けします。

2009年9月、どこの誰かも分からないような無名の人間が書いているにもかかわらず、やがて月間数百万アクセスを達成するほどにもなる「天下泰平」というブログは、こんな短い投稿からひっそりと始まったのでした。

それから10年、そんなに重要なことだと思わなかったこともあり、きちんとした自己紹介のようなことはほとんどしてこなかったのですが、本書から始まる「宇宙学校」シリーズでは今後の自分の活動を明確に示していくということもあり、一度これまでの自分自身の道のりというものも少しばかり記してみようと思います。

1982年生まれで、2020年現在では38歳。滝沢《たきさわ》泰平という本名で活動しており、おそらく多くの方がこの「天下泰平」というブログで自分を知ってくださったのではないかと思います。

当初は素性を明かすことなく執筆を始めたのですが、ブログの名称はもちろん本名にちなんだものであります。

実はこの「泰平」という漢字にはちょっとしたいわくがあって、生まれるときには「太平」という字になる予定でした。ところが、生まれてすぐに新生児は通常感染しないはずのウイルスに感染してしまい、ものすごい高熱が出て死にかけてしまったのです。

新生児集中治療室の小さな保育器の中に入れられて、お医者さんから両親に「もう諦めてください」と言われたのですが、幸いなんとか生き延びて、その時に両親が「とにかく安泰であってほしい」と願い、漢字を「太」から「泰」に変えて「泰平」となったというわけです。

ただ、どうして新生児がウイルスに感染したのか、未だにその原因は分かっていません。自分が生まれたのは仙台なのですが、仙台のかなり大きな病院で退院後も一年以上にわたって精密に検査をしたのですが、最後まで原因は全く分からないままであったそうです。

もちろんその時のことを憶えているわけではありませんが、子供の頃からずっとそんな話を聞かされていた自分は、「生きているってすごくラッキーだな」「今この瞬間まで、生きてこられてよかったな」ということをいつも思っていて、それと同時に「じゃあ、人間は死んだらどうなるんだろう」ということにも非常に強い関心を持っているような、内面的にかなり変わった子供として育っていきました。

小学生になったあたりからは、「死んだらもう終わり」という社会の常識に対して強い疑問を抱いていたのですが、当然ながらその答えを教えてくれる人は誰もいません。仕方がないので、自分で考えて考えて、とにかく考え尽くして、二十歳になる頃、ついにあの世、つまり死んだ後の世界のことを自分なりに理解し始めることができてきました。

「きっと人間の肉体というのは借り物であって、自分たちの本体は違う世界からやってきている。では、違う世界からやってきた目的というのは一体何なのか」というところまで、自分の中の世界観がなんとなくまとまってきました。そして、「これはもしかすると、非常に面白い発見をしたのではないか」と感じるようになったのです。

そんな内面とは裏腹に、実際の自分はごく普通の学生時代を過ごしました。ただ、大きな苦労もなく自由気ままに過ごしている中でも、頭の中では常に哲学的なことを考えている。表面的な友達はたくさんいるのだけれど、本当のことを話し合える人はただの一人もいない。家族からの理解も得られず、その分離からくる孤独な感覚に苛まれ続ける日々であったように思います。

見えない世界、未知なる世界について、確信をもって考えたり感じたりしているのだけれど、それがあまりにも理解されないので、「どうもこれは生まれてくる場所を間違えたんじゃないか」と本気で思うようにまでなりました。

やがて東京の大学を卒業後、家族や友達、育ってきた環境のすべてに見切りをつけて社会人となりました。大阪で2年、東京に戻って4年、28歳になるまでの間、表面的には普通のサラリーマンとして働きながらも内面的には相変わらず哲学的な思索を続け、その後いよいよ会社経営やブログでの情報発信をスタートさせていくことになります。

自分はこのブログを始めることで、「真実の平和に向けて、真実の自分を取り戻し、真実の自分として生きる」ことをスタートさせました。

当時の思いは定かではありませんが、冒頭のブログの「宇宙から期待されたあなた」というのは、まだ見ぬ多くの読者の皆さんであると同時に、自分自身でもあったのに違いないと思います。

そして10年を経た今、我々地球人類の「真実の平和」への道は、まさに風雲急を告げる展開となっているのであります。

情報発信からの方向転換

皆さんが「天下泰平」ブログを知ったのはいつ頃でしょうか。ごくわずかに11年前から読んでくださっている方もいらっしゃると思いますが、東日本大震災の時の情報発信をきっかけに知ったという方が多いかもしれません。

とにかく、個人的には、それまでずっと長くて退屈な人生だったのが、あっという間に10年たってしまった。ブログを始めたのもほんの数ヶ月前とか1年ほど前とか、そのくらいにしか感じられないほど、走り続けてきた感があります。

そんな10年間、ひたすらブログを通じて、主に「目に見えない世界」「隠された真実」といった内容に特化した情報発信、伝えるという活動をしてきました。読んでくださる方はどんどん増えて、一時は1日に10万アクセス、月間では確か300万アクセスを超えるような、ブログという世界の中ではかなり注目していただけるものになっていきました。

とにかく多くの人に情報を届けたいということから始めた活動だったので、当時は非常に励みになり、嬉しくもありました。しかし、実は今は情報発信をすることにはあまり関心がなく、いっそ発信活動は止めてしまってもいいのかなと思うことすらあるというのが偽らざるところなのです。

気付いたら10年間もたってしまったのですが、誰にでも役割、やるべきことが変わる時期というものが必ずあり、今まさに自分はその時期に差しかかっているのだと思います。

もはや過剰な情報発信によって多くの人が知識ばかりを増やし、どんどん頭でっかちになっていくというような時代ではなくなったということを、特に令和が始まってからはっきりと感じるようになりました。

自分自身、知的好奇心は強いほうであり、決して情報を求めることが悪いことだと思っているわけではないのですが、それだけでは片手落ちになってしまう可能性が高いと思うのです。

もちろん、まだまだ未知のことはたくさんあり、入ってくる多くの情報を独り占めするつもりは毛頭なく、必要に応じてブログ、さらに動画なども駆使してタイムリーにお知らせし、後々にも必要な情報は精査し体系立てて学べるものとして書籍化するなどといったことはやっていきたいと思っています。また、ご質問等をいただいた時には、知っている範囲にはなりますがこれまで通りなんでもお答えするつもりです。

ただ、これからは情報発信をするにしてもそれはあくまでもサブとしての活動であり、日々をどう生きていくのかという具体的な仲間たちとの実践をメインにして活動していきたいと考えています。本シリーズにおいても、ただただ面白い情報を入手するだけで満足するといったその場限りのことではなくて、自分ごととして捉えていただき実際の行動につながるきっかけを得ていただけるものになることを願って綴っていきたいと思っています。

では、なぜ今そのように方向性が大きく変わってきたのか。

それを紐解くためには、やはり疾風のごとく過ぎ去ったこの10年間を振り返ってみなければならないでしょう。

「目が覚める」ような体験

少し時を戻して、まだごく普通のサラリーマンとして働いていた頃、書店に通っては心理学のコーナーをウロウロするという生活を送っていました。心の探求、研究といったことをずっとやってきていたので、心理学の分野の勉強がしたかったのです。

当時はまだスピリチュアルという分野は今のように注目されておらず、心理学の横に「超心理学」や「精神世界」といったかたちで小さくコーナーが作られている程度だったのですが、どんどん読んでいくうちに、やがてそちらのほうにも自然と目が行くようになりました。気になるタイトルを手に取ってみると、驚くべきことに、そこには自分が二十歳になるまでに考えてきたことの答え合わせのようなことが多く書かれていたのでありました。

そしてついにある時、経営コンサルタントの会社としては日本で初めて、かつ唯一の一部上場を果たされた大経営者であるとともに、経営指導の神様とも言われていた故・船井幸雄先生の本と出逢います。ちょうど50歳も年の離れた、本当に大先輩です。

本を開いて驚いたのは、ビジネスの世界における成功者であるにもかかわらず、いわゆる「怪しい」内容を躊躇なく書かれていること。

驚くと同時に、バランスが取れた姿勢であるということに非常に心が惹かれました。目に見えない世界のことだけではなくて、現実世界のことにもきちんと向き合っている、実績を出されている。それは、これまで自分が理想としてきたことそのものでありました。

船井先生の本をどんどん読んでいく中での正直な気持ちは、「先を越された！」ということでした。

「考えてきたこと、すごい発見だと思っていたことは、もうすべて書かれていた。ものすごい大先輩が、すでにこんなにも様々な発信をしているじゃないか」と。しかし、悔しいのはあっという間に通り越して、船井先生は自分の中で最も尊敬する、憧れの存在になりました。

船井先生のお話を実際に聞いてみたい!

その思いを実行に移したのは２００８年。東京、品川のグランドプリンスホテル新高輪で開催され、毎年述べ１万人以上もの人々が集ったという一大イベント「船井幸雄オープンワールド」に参加しました。

芸能人の結婚披露宴が行われたりすることで有名な「飛天の間」で、初めて生で聞く船井先生のお話はもちろん、どんどん繰り広げられる、まさに目から鱗の「超プロ」による講演はまさに圧巻でありました。そして、そんな中でも何人かの先生の講演に、パズルのピースがパチンとはまっていくような感覚があったのです。

お一人は「日月神示」を探求されている中矢伸一先生。当時はまだ「日月神示」というものをあまり知らなかったのですが、強烈なインパクトがありました。

「日月神示」というのは昭和19年から17年間にわたり、神典研究家であり画家でもあった岡本天明氏に国常立尊《くにとこたちのみこと》という高級神霊から自動書記で降りてきたと言われる、暗号のような文書です。その暗号を読み解いていくと、今のこの現代社会、今の世界が一体どういう状況にあるのかということ、そして今後どのようになっていくのかということが具《つぶさ》に示されています。

今の日本という国は廃れきり、世界の中でもすっかり貶《おとし》められてしまって、「日本人は一体何をやっているんだ！」と神様が怒っていらっしゃるというような内容に続き、とはいえここ日本は神の国だから、これから大逆転が起きて、悪い存在たちによって貶められていたこの世界がグレンと全部ひっくり返り、やがて天国のような「ミロクの世」がやってくるといったことが書かれています。

しかし、問題はその前に「大洗濯」、つまり世の中の大浄化が起こるということ。そこを経てはじめて「ミロクの世」、良い社会になっていくという点が、自分の中ではものすごく腑に落ちて、この内容は真実かもしれないと直感しました。

というのも、自分は常々今の世の中はおかしいのではないかと思っていたのです。今の社会、今の文明はどんどん発達しているはずなのに、なぜみんなどんどん不幸になっていっているのだろうという疑問が、ずっと心の中に渦巻いていました。そしてこのままいけば、とてつもなく大きな破壊、崩壊が起こるのではないかという予感がしていたのです。

さらにもうお一人、経済評論家の副島隆彦先生の鬼気迫る講演もすごいものでした。その時はリーマンショックの直後だったのですが、表の情報を見ていてもその真相がまったくわからない中、副島先生はそういった状況をなんと事前に予言されていたのです。

そして、これはまだ序章に過ぎず、そう遠くない未来にリーマンショックを超える世界恐慌がやってくると断言されていました。それから、その背景にあるロックフェラーやロスチャイルドといった金融を支配してきた人たちの存在についてのお話もあったと思います。

26歳だった自分は、あのたった1日のイベントで、まさに「目が覚める」ような体験をした、少なくともそう感じました。

帰りの電車の中では、人知れず言いようのない使命感に燃えていました。みんな何も知らずにこうして普通に電車に乗っているけれど、本当にそれでいいのか。このままだと大変なことになってしまう。自分にできることをしなければ、なんとかしてみんなに伝えなければと、真剣に考えていたことを今でも昨日のことのように思い出します。

でも、そんなことを周りの人に熱く語ったところで、「あいつ、いよいよおかしくなったぞ」という話になるだけなのは目に見えています。そもそもこういう話題というのは、伝えて共感してくれるのはごく少数であり、99％の人たちには無視されるだろうということも、経験上よく分かっていました。

そこでやり方を工夫して、ごく普通にインターネットに接してきた世代であったこともあり、まずは匿名でブログを開設し、インターネットでどんどん情報を発信することにしました。
こうして始まったのが「天下泰平」ブログなのであります。

東日本大震災というターニングポイント

そこから２０１２年までの４年ほどはずっと匿名で活動していました。

とにかく、１％でも耳を傾けてくれる、そういう仲間、同志がいるのであれば、その人たちに自分の存在を知らせたい。しかしそれは、自分が有名になりたいとか、今で言う「いいね」がたくさんほしいといったことではなく、「あなたと同じことに関心を持っている、同じように疑問を持っている人間がここにもいるんだよ」ということをお互いに認識しあって心を強く持って進んでいきたいという思いで情報発信をしていました。

ただ、今でこそSNSが台頭してきて個人の情報でも広く伝播しやすくなりましたが、当時はまだインターネットがそこまで情報発信に適したものではなかった時代でした。そのうえ、これは今でもそうなのですが、このブログの情報を外に向けて売り込もうというような気持ちが一切なかったこともあり、最初はほとんど誰の目にも触れることなく、1日に5人とか10人が訪問してくれる程度の状態が続きました。

でも、何か根拠があったわけではないのですが、自分の中には「人は必ず集まってくる」という確信めいた思いがありました。必要な人が気づいてくれるから、とにかく今は発信しなければならない。日本人がまず変わらないと、とんでもない世界になってしまうという危機感に背中を押されるようにして、ひたすら情報を集め、ブログの更新を続けていきました。

そうこうしているうちに、2011年3月11日、東日本大震災が起こります。

「311」は多くの人にとってもそうだったように、人生の中での最大のターニングポイントとなりました。

当時は息子が生まれたばかりであり、それにもかかわらず仕事を辞めて無職になってしまっていたという時期でした。

独立して事業を始めるために動き回っていて、そのための打合わせということで埼玉の自宅から3カ月になった息子をベビーカーに乗せて渋谷に出かけていた時に、ビルがグラグラ大きく揺れ始め、あっという間に大変な状況に。何が起こっているのかまったく分からないまま、帰宅難民になってしまいました。

偶然にも渋谷の近くに知り合いの整体院があり、そこに避難をさせてもらうことができたのですが、そこで一晩中震災の映像を見ながら、ついに日月神示の予言にあった大洗濯、地球の大浄化が始まったのだなと思いました。

情報が少なかった当初は首都直下型地震かと思ったのですが、すぐに自分の生まれ故郷である仙台をはじめ東北地方が大変なことになっていることを知りました。いずれにしても街や物、何より人の命がどんどん失われている様子に、これはなんとかしなければ、変わらなければと、そんなことをひたすら考え続けていました。

事態は予想以上に深刻だったうえ、翌日には追い打ちをかけるように福島の原発事故までもが発生してしまいました。

この時もまた偶然に、知り合いに福島原発の作業員と親しいとある研究機関の方がいて、その方から「今政府の言っていることはすべて嘘であり、福島原発はすでにメルトダウン（炉心溶融《ろしんようゆう》：原子炉中の燃料集合体が核燃料の過熱により融解すること。事態が悪化すると核燃料が原子炉施設外にまで漏出して極めて深刻な放射能汚染となる可能性がある）している。泰平さんには小さいお子さんがいらっしゃるのだから、すぐに避難してください」と言われたのです。

自分は誰もが自由意思を持っているものだと思っており、ふだんは押しつけがましいことはしないようにしています。

研究機関の方からは「機密情報だから、ブログ等では発信しないように」と念を押されていたのですが、さすがにこの時だけは連絡先がわかる人すべてに必死でメールをし続けました。でも、今となってはよく分かるのですが、何の権威も肩書もない人間からのメール一本の情報で行動する人はほとんどいませんでした。

たしかに情報は錯綜しており、実際のところがどうなのかは分かりませんでした。それでも、かなり近い距離の方から聞いたこともあり、後になって悔やんでも遅いと思い、すべての家財道具を置いたまま、15日には家族で山梨の甲府にあるその研究機関の本部に避難しました。そして、実は未だに元の自宅には戻っていません。

あの時、自分はこれまでとはまったく違う列車に乗りました。

人生のレールがすっかり変わってしまったのです。

あの地震がなければ、おそらく今頃は東京でまったく違う活動をしていたでしょう。でも、あの場面で違う列車に乗ったことで、ある意味自分の中での大洗濯が起こり、仕事も人間関係も、人生の何もかもをまっさらな状態から始めることになりました。

山梨に来てからの1、2年は、避難先の研究機関に入ってくる膨大な情報、特に原発や放射能に関すること、地震をはじめ今後起こるであろう自然災害のこと等を徹底的に発信し続けました。

機密事項と言われたものものもすべて発信していると、ある時なんと警視庁からサイバーパトロールということで連絡が入りました。「政府の見解と著しく違う内容の発信活動を止めるように」という警告とともに、「今後も監視を続けます」と通告されたのです。

でも、仲間たちの中では怖気づくどころか「これは真実を発信しているから目をつけられたに違いない。もっと積極的にやっていこう！」と逆にどんどん盛り上がっていきました。自分としては、このままでは日本は大変なことになってしまうという思いが強く、とにかく発信を続けるうちに、気づいたら非常に有名なブログになってしまっていたというわけです。

あの頃は本当に非常事態、異常事態であったと思います。特に東北、そして関東にいた人たちにとっては、この先どうなってしまうのだろうという不安な重い空気が流れ続けている状況でした。

そしてそれがようやく落ち着いた頃、ふと気づくと自分の心は都会からすっかり離れていました。この震災をきっかけに、もともと持っていた都会での生活や、その大元にあるこの文明自体の脆弱さに対する疑問がさらに強くなっていたのです。

では、どのように生きていけばいいのだろう？

新しい生き方の道筋を誰かが示さなければならないのではないか……。

ならば自分が、都会を離れてもしっかりと幸せに生きていけるということを実証しようと決めて、情報発信だけの生活から少しずつ他の活動、具体的には畑を耕すことから、いわゆる「半農半X」の生活を始めたのであります。

鍬も握ったことのない首都圏の都会育ちであり、一切農作業をやったことのない自分でしたが、さらにまた偶然に知り合いの農家の方の田圃の稲刈りに参加したところ、あっという間に余っていた農地をお借りすることになってしまいました。

最初に移住した甲府から、ちょうど空き家があるからということで、その農地に近い富士山のお膝元である河口湖のあたりに住むことになりました。そこでの農業は自然栽培であり農薬も化学肥料も一切使わないもの。その農家の方からは、自然農のことや大麻、ヘンプのこと等、大切なことを本当に数多く学ばせていただきました。

それから2年間ほどは農業をやりながら、ライフワークである情報発信も続けるという生活をしていたのですが、その頃になんと、ずっと尊敬してきた船井幸雄先生が発行されている月刊誌『ザ・フナイ』への執筆依頼がありました。

特に隠していたわけではないのですが、そこで初めて素性を表に出して、滝沢泰平としての活動を開始しました。『ザ・フナイ』への寄稿がきっかけになって、本の出版のお誘いもいただき、それに伴って講演会やイベントなども組まれるようになり、「天下泰平ブログはこんな人が書いていたのか」と多くの人に知られるようになっていったのです。

未来につながるたった一本の道筋

その後、自分は河口湖から後ほどご紹介していく八ヶ岳に移住し拠点としていきます。

八ヶ岳は田舎ではあるのですが、自分の知っているそれとはまるで違った世界であり、また同時に、初めて行った時から不思議な懐かしさと居心地の良さを感じる場所でありました。

もちろん自然環境もすばらしいのですが、何よりそこに集っている人々の意識が他とは明らかに違っていました。先ほど99％の人には無視されるような情報をブログで発信しているという割合を述べましたが、八ヶ岳エリアではそれが逆転しているように感じられました。ほとんどの人が自分の意見にきちんと耳を傾け、そして賛同してくれる、感性の合う人たちがかなりの割合で居住しているエリアだったのです。

震災以降、自分の本当の居場所はどこなのだろう?と、ある意味さまよっているような状態であったのがようやく帰る場所を見つけた。それが八ヶ岳エリアでした。

その後も様々な偶然、すなわちシンクロニシティが重なって八ヶ岳エリアへ移住した自分は、山林を切り開き、井戸を掘り、ドームハウスを作り……と、リアルな活動を通じてのコミュニティづくりに向けて大きく舵を切っていくことになります。

これまでブログ等を通じて、表には出てこない真実、陰謀論と言われるようなことを山ほど伝えてきたわけですが、正直言うとこれらはいくら追及してもきりがありません。出口がなく、自分たちが進むべき未来への道筋が見えないのです。

ごく簡単に言えば、権力というものは実際にある程度集中しており、そこには必ずと言っていいほど貴族と呼ばれる人たちが関与しています。貴族というのは、そのほとんどが日本であれば大名といった地位の家系の末裔の方々ということになります。そして、その中心にはやはり皇族の方々がいらっしゃる。

自分はどういうわけか、30歳ぐらいの頃からそういった場に呼ばれるようになって、たとえばロマノフ王朝、ロシアの皇族の末裔からコンタクトが来て、お会いしたりもしました。フリーメイソンの人たちにも実際に会いました。フリーメイソンに勧誘されて、メンバーではありませんがバッジもいただきました。

他にも画期的な研究をされている博士や、研究者の方とのつながりもできましたし、昔の自分からは想像もつかないくらいに本当に貴重な出会いが数多くありました。

そのうえでの結論として、たしかに陰謀の世界はあります。あるにはあるのですが、それらについての情報が自分たちにとって今本当に必要なものなのかというと、それは甚だ疑問です。

たくさんの人やグループがそれぞれの立場で支配したりされたりということが絡み合っており、完全な正解が得られるということはまずありません。そして、そんな社会の仕組みを知れば知るほど、勧善懲悪というようなかたちの正攻法で突破するのが無理であるということが分かるだけなのです。

また、世界支配者層といったものを突き詰めていくと、人間を超えた存在たちを無視することもできなくなります。三次元世界の表から裏に意識を向ける人が増えていますが、闇を探れば探るほど、その先は高次元の次なるステージが待っており、その先にはまた次のステージが……。

さらに、これらは探る順番を誤ると、精神的混乱に陥りますし、また途中で止まってしまうと、恐怖と不安、もしくは怒りや絶望の感情しか生まれないものです。世界の真相はまだまだ深いものであり、知識だけで追求すると大変な目に遭います。

ある程度は冷静に知識として頭に入れておく必要はあるのかもしれないけれど、暴いて、裁くというような、同じステージにいてもどうしようもないことです。目の前にいないそういった存在を追いかけて対立軸をつくり、それに対して怒りや憎悪といったものを強くしていっても、戦いで勝ち目があるはずもありません。

それから、スピリチュアル、目に見えない存在からの予言やメッセージといったこともたくさんありますが、これらは本当に玉石混交であります。ネガティブすぎるもの、ポジティブすぎるもの、どちらにしてもバランスを欠いた情報には気をつけたいものです。

実際、自分のもとには、様々な意味でのエネルギーに関して敏感な方々からの情報が集まってきます。

「祈り合わせ」といったこともよくされており、まれに賛同できると感じるものをブログ等でご紹介することもありますが、特定の誰かの、あるいは特定の集まりの祈りや神事によって、大地震や巨大噴火が阻止されるとは思いません。

そもそも、人間にとっては災害でも、地球にとっては自浄作用となる必要な自然活動のひとつなのです。汚れた空気や大地、海の浄化、そして何よりも汚れてしまった人間の意識を浄化するためにも、自然が大きく動くことがあり、それらを先送りすることが地球全体にとって最善とも思えません。

それでも心情としては、その爆発的エネルギーが少しでも分散したり、エネルギーの方向性が変わることで、人的被害や社会的被害が最小となることは願うところです。

祈ることでその大きな動きを止めるのではなく、祈ることで人間もまた宇宙や地球のエネルギーと同調し、自然にシフトする流れに向かっていくように思えます。

目に見えない世界は存在し、「祈り」も含めてそれらを尊重することがとても大切であることは、もはや言うまでもないこと。しかし、これまで繰り返し述べてきたとおり、三次元のこの地球上に生きている以上は目の前の生活、自分自身の行動もまた大切であり、そういった意味でも、やはりバランスの良い姿勢が求められると思います。

自分が情報発信を始めた頃は、まだインターネットで得られる情報は限られていたので、真実も少ない代わりに嘘も少なかったと言えます。ところが今では、もちろん新聞やテレビといったマスコミの情報がお話にならないことには変わりないのですが、誰でもが安易に、しかもまことしやかに発信できるという意味においては、むしろインターネットの情報の方が危険な時代になってきていると言えるでしょう。

実際、自分が知っていることと、世の中に出回っている情報の多くとの間には、かなりの乖離があります。インターネットの情報、特にソースのはっきりしない情報というものに関しては信じすぎないほうがよいということは、情報発信をしている身だからこそ、ひとつの忠告、警告として間違いなく言えることだと思います。

そして何より、人類、あるいは今の文明社会には、そんな答えの出ない、雲をつかむようなことを議論している時間はもはや残されていないのではないでしょうか。

とにかく自分は、これから本書でお伝えしていくコミュニティづくりに皆さんと一緒に取り組んでいきたいと考えています。

それこそが、これからの一人ひとり、すべての人の役割の創出であり、日本をはじめ世界中の人類が、これからずっと先にまで繋がっていく未来への最初の一歩となるというビジョンが、自分の中ではっきり見えているのです。

地球の視点から現代社会を俯瞰する

現在の地球には77億人ほどの人が住んでいますが、２０５０年、今から30年後には１００億人にまで増えると言われています。

そんな中、少々飛躍した想像になりますが、もしも地球に人間が、たとえば50人しかいなかったとした場合、とても楽だとは思いませんか？

今地球で起こっている様々な問題も、もし全員が顔見知りだったならどうでしょうか。誰かが喧嘩をしていても、「止めようよ」と誰かが仲裁に入れば済むことですし、誰かが食べ物がないと言えば、「私はたくさん持っているからあげるよ」ということで、たちまち解決してしまうでしょう。

それが増えに増えて77億人になるとできなくなってしまう。喧嘩はどんどん激しくなって戦争になり、食べ物がない飢餓で信じられないほどの人たちが死んでいく……。それらはもう、解決の仕様のない規模になってしまっています。

そして、関係のない人たちにとっては、それはもう手出しのしようがない、テレビやインターネットといった画面を通した世界、別世界の話になってしまい、やがて無関心になってしまうのも無理からぬことなのかもしれません。

そういった状況の中、これから地震や森林火災といった大きな災害や異常気象、食糧危機、経済恐慌等が起こるというような不安な情報が非常に多く出てきています。

でも、無関心に慣れてしまった人たちはその情報を知っても自分ごととして捉えることはなく、それゆえ回避策というものもなかなか出てきません。

ここで、視点を真逆に持っていくと分かってくることがあります。

人間という視点からではなく、地球というひとつの生命体として見た場合、あるいは人間以外の生物から見た場合、人類は地球をどんどん食いつぶしていくまるでウイルスのような存在であり、そんな人類がどんどん増え続けていることは、実は大変な脅威なのです。

つまり、残念ながら自分も含めて今の人類は、地球の他のすべての存在から見た場合にはかなりの悪者、邪魔者になってしまっているわけであります。

このままでは、人類は必然として大浄化の対象となり、崩壊に向かって行ってしまう。まずはその認識をしっかり持たなければ、今の危機的状況を自分ごととして捉えることもできず、当然やるべきことも見えてこない。変わりようがないのです。

実はその動きが感じられる情報はかなり多く存在しており、まず２０２０年から２０２１年は、世界中はもちろん、特に日本も地震や火山の噴火を中心とした自然災害には十分に警戒しないといけないタイミング。日本列島全体の火山活動が確実に高まっており、その影響は思わぬところに出てくる可能性があります。

一般的な見解においても、東京湾北部を震源とする首都直下型地震は、この30年の間に70％以上の確率で起こると言われ、令和期間中は首都直下型大地震ともはっきり向き合う時代となりそうです。

さらに、本書の内容から少し外れるので詳細は述べませんが、地球社会で起こる出来事は地球の親ともなる太陽活動が大きく関係しており、具体的には太陽の黒点活動（11年周期）と連動していると言われています。そして、その活動の統計解析の結果、現在は「巨大地震」「金融危機」といったことが極めて起こりやすい時期となっているのです。

金融危機に関しては、一般的な経済学者や金融スペシャリストの間でも、かなり以前から「2019年~2024年頃に金融危機が起こる可能性がある」と以前から言われており、特に先にご紹介した副島隆彦先生は「2024年に世界恐慌が起こる」というピンポイントの予測を出されています。

そして、そういった視点で見た時に、大きな災害発生時はもちろん、今後もしも……、といってもおそらくそう遠くなく現実になると思われますが、何らかのきっかけによって金融的な危機が起こってきた場合、真っ先に大変な状況に追い込まれていくのは間違いなく都会です。

お金で全てのものが成り立っている、生きることすらもお金で成り立っている社会である都会は、お金の価値がなくなった途端に砂漠化します。

今の都会は一見すれば豊かなオアシス。衣食住なんでも一流のものがすぐに手に入る、まさに天国のような場所です。

でもそれは「お金さえあれば」という条件付きのもの。

そのお金がもし使えなくなってしまったら、都会は一瞬で地獄へと変貌します。

しかし、逆に今はまったく人気のない、ともすれば過疎化が進んで消滅してしまいそうになってしまっている田舎には、都会にはないものが全て揃っています。

自分の住んでいる八ヶ岳もそうですが、現状は田舎もお金が必要ではありますが、潜在的には美しい空気、美味しい水、新鮮な食べ物……、人が生きていくために必要なものが豊かにあって、いざという時には、お金というツールを挟まなくとも手に入れることが可能なのです。

現代社会の仕組みにどっぷり浸かって生きていると、お金によって得られる便利さに慣れきってしまい、その危うさが分からなくなってしまいます。もちろん、お金自体は自分たちの文明を支える大切なものであり、決して悪いものではないのですが、今持っているお金の価値がなくなったり、変わってきてしまった時には、非常にリスクの大きい環境にあるということを忘れてはならないと思うのです。

では、お金の価値がなくなった時に何が困るかというと、まず、ものが買えなくなります。実はこのことは、自然災害よりもずっと恐ろしい事態です。

多くの人が勘違いしているのですが、これは個人の問題ではありません。

お金の価値がなくなると、この日本という国が世界からものを買えなくなります。すると、食糧自給率が極端に低い日本では、たちまち食べ物がなくなってしまうのです。

今の日本は、世界からお金で食べるものを買っている、つまり生きることを買っているという状況です。そんな日本は、お金がなくなり物流が止まった時点で、大げさでもなんでもなく飢餓に苦しむ先進国になってしまう。

そしてそれが、最も顕著になるのが都会です。特に東京は、まず抱えている人口が違ううえに、食糧自給率は1％以下とも言われています。自分も東日本大震災の時に体験しましたが、それは特定の地域で起こったことであり、一時的なことでした。落ち着いたところで他からの支援があって復活することができましたが、金融危機の場合は国外も含めて当然どこからの支援もありません。

まず冷蔵庫のものがなくなり、備蓄している人は備蓄しているものがなくなり……。お店に行っても買うものはありません。

そんな状況が、もしも何週間も、何ヶ月も続くような事態になった場合には、日本国民としては考えにくいことですが、生きるか死ぬか、また大切な家族のためということになれば、あるいは略奪といったことも起こってくるかもしれません。

絵空事のように聞こえるかもしれませんがまったくそんなことはなく、まず政治や経済のプロの方々の予測の多くがそういった未来の危険性を示していきます。

さらに、臨死体験をされた方の中には、生と死の狭間でタイムスリップをして未来のビジョンを見てこられる方がいらっしゃるのですが、そういった体験をされた方の多くが特に震災以降、都会の食糧危機の様子を見てきているというのです。

自分は決して不安を煽りたいわけではなく、そういった事態を避けられるように活動を始めており、そのために本書を書いています。

万が一の時には、都会の人たちに水や食糧を提供し、また希望する人たちとはともに暮らしていけるような地域コミュニティをひとつでも多く作っておくことが必要となります。まずは八ヶ岳をその一つのモデルとなるような地域として育てていき、続いてそういった地域を日本中に広げ、増やしていきたいと考えています。

ただ、この取り組みは、始められる人から始められる範囲でやっていくことも大切です。全員がいきなりシフトしても成り立つものではないし、何より都会で発展していく文明、技術というものも必要なものであり、ここでもバランスというものが非常に大切になってくるのです。

地球という星の良き運営者となるために

ここまでリスク回避としてのコミュニティづくりの重要性を述べてきましたが、本来の、本当のコミュニティづくりの目的は、良き未来、ミロクの世に向かっていくためであります。

したがって自分としては悲観的なことはまったくなく、非常に前向きに楽しんで取り組み、多くの仲間たちとともに充実した日々を過ごしています。

先ほど述べた通り、今は地球から見ると悪質なウイルスのような存在になってしまっているわれわれ人間ですが、本来は地球という星の唯一の知的生命体として太古からこの地球の運営を任されてきた存在です。そんな地球人がこの星を正しく運営していくために、自然界の中で宇宙に共通するルールを学び、次の世代にまでも引き継いでいける「宇宙船地球号の操縦マニュアル」を創っていく。自分たちのコミュニティはそういった意義も持っていると考えています。

学校の教科書には載っていない長大な歴史の中にあって、各国の先住民たちや日本の先住民である縄文人といった人たちは、宇宙のルールを理解したうえでそれに則って生きていたに違いありません。ところが、今の文明社会を作り動かしている人たちはそれが分からないままにルール違反を繰り返し続けて今に至っています。

実は今、特にイギリスを中心とした、この近代以降の文明社会を作ってきた支配者、権力者、いわゆる欧米エリートたちは、「まさかこんなことになるとは思わなかった」「この先どのようにしてこの星を運営していけばよいのだろう」と、非常に困っている状況なのだといいます。そして、この先の文明の発展のためのヒントがあるのではないかということで、なんと日本の縄文人に注目しているというのですから驚きです。

ともすれば敵視しがちな現代社会を創ってきた勢力というものも、少しずつ宇宙のルールに従った地球の運営方法へと、動き始めているのかもしれません。だとすれば、対立軸をつくって攻撃するのではなく、自分たちは自分たちにできることから始めていくことで、やがて大きな一つの流れになっていく。そうしていくことで、いま地球人類が向かっている危険な方向は軌道修正ができるのではないかという一筋の光、たしかな希望を自分は持っています。

表面的には変化が少なく感じられた平成が終わり、激動の令和が始まりました。

具体的にどんな変化が起こるかは未知数ですが、その変化が急激であることは疑いようもなく、残された時間はわずかしかありません。いまは保たれている平穏な生活も、まったく同じように続くということはおそらく難しいでしょう。

「真実の平和」への道は波乱に満ちており、その大きな波を乗り切っていくのは、一人では難しい。

だからこそ、目の前のこと、日々の暮らしにしっかり取り組みながら、依存することなくそれぞれが自立しつつ、今生の楽しい経験として、同じ意識を持つ人たちとのつながりをつくり、みんなで協力し合うコミュニティをつくっていきたいと思います。

ありがたいことに、すでに同時多発的に同じような感覚を持って動いている人たちがたくさん出てきており、この動きは様々な分野で着々と全国に広がりはじめています。


一人ひとりにできることとしては、まずは気負いすぎることなく、たとえば小さな家庭菜園をやってみるということもよいですし、安心安全な国産のものを選んで購入していくこともすばらしい取り組みの一つです。

ただ、本書読者の皆さんにはそれだけにとどまらず、ぜひとも同じ意識をもって活動されている人たちとつながって、その地域コミュニティの一員としてそこでつくられた安心安全な食糧を購入する等、今のご自身の環境でできる範囲での参加、支援、サポートを積極的にはじめていただければと思います。

そういった意味でも、まずはコミュニティについての知見を深めていただけるよう、いよいよ次章から、八ヶ岳に移住してからの自分のこれまでの道のりを追いかけながら「アースリングコミュニティ」をじっくりお伝えしていきたいと思います。

第2章 八ヶ岳から始まる拠点

ב

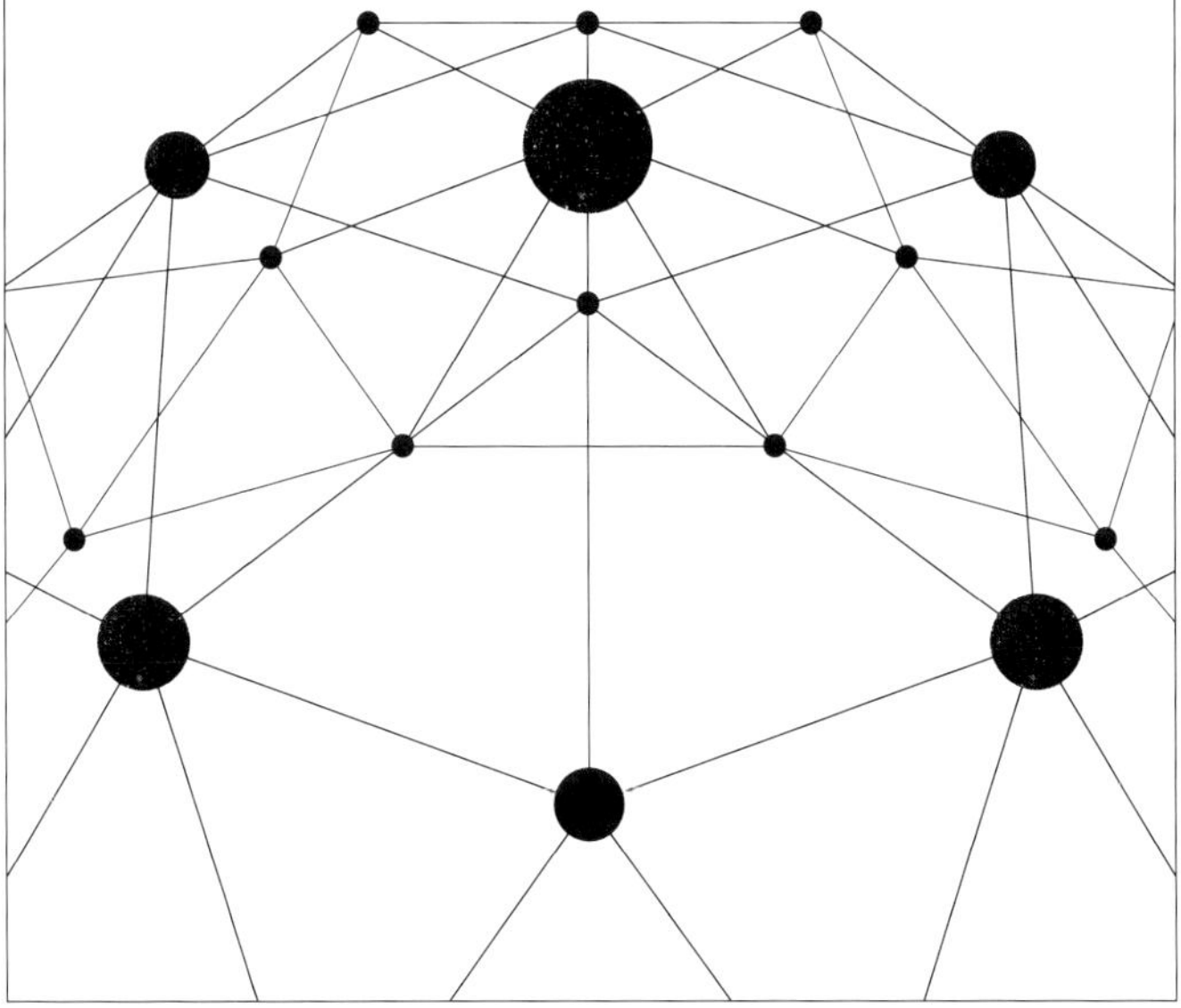

湧き出した水

２０１５年11月、八ヶ岳南麓の標高１０００ｍの森の中に、ついに「やつはドームハウス」が完成しました。

標高１０００ｍというのは、胎児がお母さんのお腹の中にいる時の気圧と同じ環境だと言われ、脳波がリラックスするという研究結果もあるとのことです。とても居心地の良い場所であり、世界の聖地の多くもこの標高１０００ｍ近くにあることが多いそうです。

今から５０００年ほど前の縄文時代中期、日本列島では縄文人の人口がピークとなり、日本全国に約27万人もの縄文人が暮らしていたといいます。そして、その頃における中心的な大都市が長野県と山梨県の県境となる八ヶ岳南麓エリアであり、特に諏訪湖から富士山方面にかけては、全国の10分の１ほどの縄文人が集まっていました。

そのため、この地域にはコンビニや神社の数よりも多くの縄文遺跡が存在しています。ドームハウスにほど近い場所には山梨県最大の縄文集落地も見つかっており、そこでは世界最古とも言われる、当時の大巫女がつけていた糸魚川《いといがわ》ヒスイの装飾品まで出土しているのです。

なぜこのエリアにそれほど多くの縄文人たちが暮らしていたのか。

それは八ヶ岳、特に縄文中期に人々が多く暮らしていたエリアが、地震や噴火、台風などの自然災害が少なく、日本の中でも極めて安全性が高い場所であること、さらに十分な日照時間や肥沃な土壌、清浄で豊富な水資源など、自然環境が極めて豊かであることが大きな要因となっているものと思われます。

そして数千年の時を経た今、太古の昔から新天地を求めて多くの縄文人が移り住んできた八ヶ岳に空前の移住ブームが巻き起こっています。東日本大震災以降、日本全国はもとより海外からも、老若男女問わず多くの移住者が押し寄せているのです。

それこそ小学校にでも行けば、何世代も前からの地元出身者という家庭は少なく、半分近くが家族ごと移住してきた人ばかり。

現代社会における文明化や都市化が進む一方で、現代の社会、生き方に疑問を持つ人々も増えている昨今、新たな環境を模索する中で八ヶ岳と出逢い、この新天地で次なるステージを歩む人々が急増しているのです。

かくいう自分自身もまた、2013年の夏に八ヶ岳に移住して来た、いわゆる「よそ者」の一人です。

しかも、普通にイメージされる移住とは異なり、まずは「開墾」という言葉の通り、植林された森を整備するところから八ヶ岳での最初の一歩が始まりました。

使ったこともないチェンソーを握り、気の遠くなるような数の木々を1本1本丁寧に伐採。鬱蒼とした森からようやく太陽の日差しが入る敷地となったことを喜んだのも束の間、開墾した土地には水道管が通っていなかったため、次のステップとして井戸を掘ることになりました。

「ところで、井戸ってどうやって掘るんだ？」

まさか自分の生涯において井戸を掘る場面が巡ってくるとは思ってもみなかったので、どうやったら井戸が掘れるのか皆目見当もつきません。しかし、調べてみると幸いにも今の時代は手作業の必要はなく、井戸の掘削業者に依頼すればボーリング工事で意外と簡単に井戸は掘れるということが分かりました。

とはいえ、どこでも誰でも井戸を掘って良いわけではなく、水資源は地域にとっても重要な財産であり、水道管が引かれているエリアは上水道を引き込むことを優先しなければならず、井戸の掘削が禁じられています。また、近隣に湧水地があれば、そこから５００ｍ以内の場所では掘削が禁止と条例で定められています。

ただ、ありがたいことに開墾した土地はいずれの条件にも該当しなかったため、早速掘削業者を手配して工事をスタート。ところが、ことはそう簡単には進みません。

「ここは水が豊富なエリアだから、10ｍも掘ればすぐに出てくるよ」

そんな業者さんの話とは裏腹に、なぜか掘れども掘れども水が出てこないのです。

それどころか、掘り進むにつれて硬い岩盤がいくつも出てくる始末。どうやらこのエリアは、遥か昔に八ヶ岳が噴火した際に溶岩が流れ通った道の上であり、何層にも溶岩が固まった岩盤が地中に存在しているようでした。

岩盤が地中に存在しているということは、地盤が非常に安定しているということであり、それはそれで拠点作りにはぴったりの環境ということになるのですが、それにしても水が出てこなければどうにもなりません。

20m掘っても30m掘っても一滴も出てくることはなく、一体どうなるのだろうと思いながらも掘り進めていくと、40mを超えたところで突然、一滴どころか大量の水が地面から吹き出してきました。

その量、毎分約170リットル。ポンプで汲み上げる必要がないどころか、1分もあればお風呂の浴槽が満タンになってしまうほどの勢いで自噴する湧き水となったのです。そして、その勢いは今に至るまで途切れることはなく、24時間365日溢れ続けています。

しかも、その水は硬度がほとんどない超軟水であり、様々な成分測定を行った結果、不純物の一切ない天然水としても最高クラスのものであることが分かりました。

「ここ掘れワンワン」の花咲か爺さんではありませんが、何もない山奥の大地から、まさにプライスレスの自然の恵みが出現といったところでしょうか。

それにしても、それまでの自分は生まれてこのかた、水というものは蛇口をひねれば当たり前に出てくる存在だと思っており、それがいったいどこから来て、どこへ行くのかなどということは考えたこともありませんでした。

しかし、よくよく考えてみれば、飲料水としての生命の水であることはもちろん、朝起きて顔を洗う、歯を磨く、炊事に洗濯、掃除、お風呂、そしてトイレに到るまで、自分たちが地球で生きていくうえで、水は必要不可欠な存在。水がもたらす生活への影響は極めて甚大なものであり、今の文明社会においても蛇口から水が出てこなくなってしまったら生活が一変してしまいます。

水は人が生きていくのに必須な存在であり、縄文人も世界中の先住民族も、まずは水のある場所を求めて移動、移住するのが基本だったに違いありません。そういった意味では、自給自足の最大のテーマである「水の自給」を最初から手に入れることが出来たのは、非常に幸運なことであったと思います。

「これで生きていける」

水が湧き出す光景を目の当たりにして、「生きる」ということの原点の感覚を「思い出した」ように感じます。そして同時に、水という存在への畏怖の念と感謝を抱き、日本全国どこを訪ねても水の神様がとても大切に祀られていることの意味が、少しだけではありますが理解できたように思います。

太古の人々も、新天地を求めて開墾していく中で湧き水と出会ったり井戸を掘り当てた時には、この上ない安堵を感じ歓喜に包まれたことでしょう。

そして、その典型的な民族がユダヤ人であり、遥かアジアの西の果ての砂漠世界に位置するイスラエルという国です。

旧約聖書の時代から、ユダヤ人たちは水を求めて砂漠を彷徨い続けてきました。彼らの国造り、コミュニティ作りの基本にはたえず「水」があり、それが歌と踊りで表現されたのが、日本ではキャンプファイヤーやフォークダンスでお馴染みの「マイム・マイム」です。

「MAYIM（マイム）」とはヘブライ語で「水」を意味します。シオニズム運動によって全世界から現在のイスラエルの地に戻ってきたユダヤ人たちが、再び国を建て、その新しい息吹きの中で未開不毛の地に希望の「水」を引き、開拓に励む喜びをあらわしたのが「マイム・マイム」だったのです。

太古の昔から龍神にも喩えられる「水」。

いずれにしても八ヶ岳南麓の森の中から水が湧き出ることで、何かが目覚めるとともに、ここから自分自身のコミュニティ活動の第一歩が始まったのでした。

国産ヒノキのドームハウス

開墾を経て水の確保、敷地の整備も終わると、いよいよ次は建物づくりということになります。

自分の中では、最初からどんな建物を作るのかは決めており、それはドーム型の住居、ドームハウスでありました。

ドームハウスとは、単純に丸い建築物すべてを示す場合もありますが、正確には三角パネルを使った柱のない建築物のことです。

「柱がない？」

そう、ドームハウスは大黒柱も小黒柱も普通の柱も一切必要ありません。三角パネルがお互いに支えあうことで強度を保ち、その結果、構造物としては最も頑丈で強い建築方法としても知られているのです。

かつて、富士山の山頂に気象レーダードームがあったことをご存知でしょうか？

三角パネルを使った白いドームに守られた気象レーダーは、１９９９年11月に気象衛星や新レーダーシステムに役割を引き継ぎ運用を停止、ドームとレーダー本体は麓の富士吉田市の「富士山レーダードーム館」に展示されています。

風速80ｍ以上、積雪も地上とは比べものにならない、日本一高い過酷な環境下である富士山山頂でも耐えられる構造として選ばれたのが、ドームハウスだったのです。

さらに、地球で最も過酷な自然環境のひとつである、南極における日本の基地もまたドームハウス構造。

1991年にアメリカで実験された「第二の地球」を閉鎖空間で作る「バイオスフィア2」というプロジェクトでも、ドームハウスの構造が採用され、また2001年からイギリスで始まった世界最大の温室植物園である「エデン・プロジェクト」でも、同じ三角形の骨組みからなるドームハウスが使われています。

これまで長らく主流であった男性性のピラミッド型社会、すなわち一部のトップやリーダーによって支えられる世界ではなく、一人ひとりがこの世界に必要不可欠な存在として自立し、お互いに助け合うことで全体を形成する世界。

ドームハウスはそんな世界観をあらわしているように思えます。そして、それがあらゆる構造物の中で最も強いという結果からも、まさに調和の時代の次なる世界において、象徴的な建造物であると思うのです。

さて、そんなドームハウスのことを自分が知ったのは東日本大震災の後のこと。たまたまご縁で繋がった方が北軽井沢でドームハウスのペンションを経営されており、そこに立ち寄った際にすっかり魅了されてしまったのでした。

「なんだろう、この体感」

ドームハウスの真髄は、中に入ってみないと分かりません。いくら写真で見ても、外観で見ても分かりませんし、もちろん言葉で説明できるものでもないので、機会があればぜひとも入ってみていただければと思います。

とにかく、一歩ドームハウス内に入った瞬間、そこには想像とはまったく違った、これまで感じたことのない新鮮な世界観がありました。そして、それを体感したその時から自分の中で、八ヶ岳の拠点探しと同時にドームハウス作りの計画が始まったのです。

ただ、ドームハウスそのものはアメリカ発祥の建築なのですが、日本に進出していたアメリカのドームハウスメーカーは当時すでに撤退しており、いざドームハウスを作ろうと情報を探しても、日本ではセルフビルドのＤＩＹに近いかたちでしか作れない状況でした。

また、三角パネルを使えば、見た目はどれもドームハウスに見えますが、実はドームハウスにはいくつか種類があります。自分が作りたかったのは通称「フラードーム」というタイプのもので、ドームハウスの生みの親であるアメリカの建築家バックミンスター・フラー博士の提唱した形状のドームハウスであり、自然界の法則である黄金律が見事なまでに建築に組み込まれているのです。

しかし、そのフラードームを完璧に再現できているドームハウスを作れるところは、残念ながら日本国内では皆無に近い状況でありました。

輸入材のドームハウスパネルをアメリカから輸入し、施工してくれる工務店を探して作るという選択肢もありましたが、ドームハウスの最大の欠点として指摘されていたのが雨漏りであり、乾燥地域のアメリカと湿気の多い日本では気候も大きく違い、日本にマッチした素材や技術が使われていない輸入材のパネルを使うことには大きなリスクがありました。

また何より、木材の多くは輸入する際に虫除けや腐敗を防ぐために薬漬けになるとも聞き、せっかくドームハウスを作るからには素材の質も重視したかったので、輸入という概念は捨て、国産材でフラードームを作ることにこだわることにしました。

自然界の法則、宇宙の法則を利用し、
地球の自然素材で作った最高に居心地の良いドームハウス。

しかし、そんなふうにこだわればこだわるほど、日本国内はおろか世界各地を探し回っても、それを実現できる人材を見つけ出すことは不可能に近いように思われました。

ところが、灯台下暗しとはよく言ったもの。ホームページ等がなかったためにそれまでまったく見つけられなかったのですが、実はドームハウス専門、それもフラードームの設計のプロフェッショナル設計事務所が、なんと同じ市内、八ヶ岳南麓にすでに存在していたのです。

また、自然素材を得意としてドームハウス建築を手掛けたことのある工務店もまた八ヶ岳南麓にはあって、どこを探さずとも、必要な叡智はすでに八ヶ岳にすべて揃っていたのでした。

暖房の自給「メイソンリーヒーター」

こうして始まった、国産材と日本の職人技術をフル活用した前代未聞のドームハウス作り。それは一筋縄には行かず、試行錯誤を繰り返し、何度も不可能とも思える課題をクリアしながらの道のりでした。

国産ヒノキでドームハウスの構造体を作り、壁や床材には国産の杉をふんだんに使い、断熱材は地球環境にやさしく湿気にも強いセルロースファイバーという紙屑の自然素材をベースに、ヘンプの繊維も混ぜ込み、漆喰や珪藻土の自然素材で仕上げた壁にもヘンプを混ぜています。


ドームハウスは半分を吹き抜けの空間として作ることが多く、頭上の空間が開放的であることが大きな特徴なのですが、そうすると当然ながら空間容積が非常に大きなものとなり、寒冷地などでは暖房の種類に工夫が必要となります。

八ヶ岳は、普通の石油ストーブでは到底暖を取れず、薪ストーブなどが必要になるほどの寒冷地。しかも、一般的な住居用のドームハウスは直径10m前後であるのに対して、このドームハウスはよりによって直径14m、天井の高さも7m以上と特大サイズなのです。

普通の鉄製の薪ストーブではその前方だけしか暖まらず、ドームハウス全体の空間を暖めるのにはとても十分とは言えません。

そこで取り入れたのが、鉄ではなくレンガで造る薪ストーブ、その名も「メイソンリーヒーター（ストーブ）」というものです。メイソンリーヒーターは蓄熱レンガのストーブ本体が熱を蓄えて、その放射熱によって遠赤外線を生み出します。すると、ドームハウスは球体であるがゆえに、大気が対流し熱が家中を循環するのです。

完全オーダーメイドであり、空間に合わせて自由にサイズも調整できるのがメイソンリーヒーターの特徴なのですが、本来は北欧や東欧、ロシアなどで使われているストーブであり、日本で作れる人は10人もいないと言われています。

ところが、これまた偶然にも八ヶ岳近郊には、その中の一人である職人がいて、オリジナルのメイソンリーヒーターも作れることに。ストーブとは思えないほど巨大な構造物となりましたが、その巨体そのものが蓄熱し、ドームハウス全体を暖め、ネックであった暖房問題も無事にクリアすることができました。

また、燃料となる薪については、敷地内の伐採した木を使えばいくらでも燃料の自給は可能であり、水に続いて火の自給も暖房部分については達成されました。

ところで、暖房の自給というのは、実はこれからの時代においては非常に重要なテーマとなってくることが予想されます。

実際、ドームハウスも何度か停電に見舞われたことがあり、その中には真冬の夜に長時間停電するということもあったのですが、その時にはこのストーブに本当に救われました。エアコンやコンセントを繋ぐ形式のファンヒーター等は停電の際には使えなくなるので、電気を使わずともすぐに使える暖房器具は、住む場所を問わずどなたであっても準備しておいた方が良いと思います。

なお、八ヶ岳エリアは一般的には避暑地としても知られており、冬の寒さは厳しいものの、その分夏は天国でもあり、標高1000mの森の中ともなれば、冷房は一切なくとも快適に過ごすことができます。

ドームハウスにはいくつかの開口部の広い窓があり、また天井にも天窓がたくさんあって、それらは日中に照明が不要なほど太陽の光を内部に取り入れるだけでなく、外からの涼しい風を引き込んで、天窓から暖かい空気を抜けさせることもでき、夏場はこの窓の仕組みが気温を下げるのに非常に役立ちます。

そのため、冬の暖房費を抑えることさえできれば、年間を通しての光熱費はかなり節約できます。

このように、ドームハウスは暖房から冷房に至るまで、空間が循環していることによって非常にエコであるだけでなく、構造そのものが少ない材料で空間容積としては最大のものを作れるということが特徴であり、環境問題が騒がれる昨今の時代においては、とても注目される建築であると思います。

バイオトイレ「あ・うんユニット」

「どうせならトイレもエコにしよう」

ここまできたらやれる範囲はとことんこだわろうということで、トレイもバイオトイレを導入することにし、全部で3ヶ所あるトイレのうちの2ヶ所は、バイオトイレ「あ・うんユニット」というものに接続されています。

これは様々な種類のあるバイオトイレの中でも、微生物の液肥を使った水洗バイオトイレであり、地下に埋設した二つの600リットルタンクにトイレからの排水を流し込み、液肥の微生物たちの餌にして分解してもらい、最後は紙までも含めた固形物を一切残さない完全分解で、酵素水の水に変えてしまうというものです。

ほぼ透明に近い水にまで戻すには、地下の二つのタンクに加え、地上にもう一つ1000リットルの透明タンクを設置し、今度は日光を当てながら光合成発酵をさせることで分解をさらに促進させます。

いずれのタンクにもブロワーという空気を流し込む装置が付いており、そこで微生物を活性化させながら、その中で複合発酵という特別な発酵状態を作り出します。

複合発酵では、微生物の従来の反応である「分解」ではなく、「合成・融合」という新しい反応が生まれます。合成作用に生体変化した微生物群は「合成・融合」によって無限の増殖が可能になり、また生活環境の異なる微生物であっても共存、共栄、共生することができるようになるそうです。

本来、自然と棲み分けして干渉し合わない微生物たちが、みんなで手を取り合い、力を合わせ始める。

すると、これまで不可能だと思われていた紙などもすべて分解してしまうほど強力なエネルギーを生み出し、その結果汚泥も残らず、汲み取りが不要な循環バイオトイレとなるのです。

さらに、このバイオトイレ「あ・うん ユニット」が優れているのは、複合発酵によって、たった一日で「汚水」が「宝の水」と呼ばれる酵素水へと変化すること。

この酵素水は、なぜ「宝の水」と呼ばれるか？

トイレからの排水は、現代の下水システムではただの汚水として薬物で処理されて地球環境を汚し破壊する存在となっています。ところが、この「あ・うん ユニット」で処理された汚水は、複合発酵によって有害物質が完全に分解されるだけではなく、生命や環境を蘇生させる「エナジー水」へと変容してしまうのです。

少し難しく専門的な話になりますが、「エナジー水」とは、生菌数を10の7乗、8乗、9乗……と無限に増やすのと同時に極小化させていき、最終的に結晶化した生命半導体にして、宇宙エネルギーを取り込む水にし、微生物の発酵の力によってマイナスをゼロに戻すだけでなく、マイナスからプラスへと真逆に転換させた水ということになります。

つまり、この「あ・うん ユニット」では、トイレで排出される汚水はどんどん「宝の水」へと生まれ変わり、地球環境を再生する正のサイクルを家庭から起こすことができるのです。

生まれ変わった「宝の水」を自分の家の敷地にまけば、その土壌は浄化されてイヤシロチになり、畑や田んぼにまけば活性水として作物の生育を大きく促進させ、無農薬・無化学肥料で安全で美味しい家庭菜園ができます。おまけにこの家庭菜園で生産される野菜たちは、自分自身や家族の生命情報が入った本当の意味での薬膳野菜となります。

それらの野菜を食べ、再びトイレで再処理されて酵素水に生まれ変わり、それをまた家庭菜園に利用して……という自給自足は、まさに循環生活の完成形と言えるでしょう。

「あ・うん ユニット」は、汲み取りも掃除も不要のメンテナンスフリーのバイオトイレなのですが、トイレの装置というよりも、微生物という生き物を飼っている、共存しているという感覚であり、唯一必要なメンテナンスがあるとすれば、それは微生物への意識の問いかけ、思いやりの心です。

「いつも働いてくれてありがとう」

その気持ちを忘れず、意識を通わせていれば、微生物は日々一生懸命働いてくれ、意識が遠のけば、活動も低下します。

もちろん、微生物が死んでしまうような強力な化学洗剤は使えませんし、4、5人用の家庭サイズのタンクを地下に埋設しているため、大人数の人々が押しかけて一度にトイレを使ってしまうと、地表に溢れてしまう可能性もあります。

そういった事態に備えて、ドームハウスでは一つだけ一般の浄化槽へ繋がるトイレを準備していますが、日常的に使っている範囲ではまったく問題のない循環生活ができます。

自然の循環の中の一部分として

井戸を掘った時と同様に、自分はこれまでの人生の中で生活排水がどこへ行くのかなどということは考えたことがありませんでした。

山暮らしだからこそ、入口から出口まで、人がそこに生活することで、どういった影響が自然の中に起きるのかということを意識することができるようになったように思えます。

都会であれば、上水道はもちろん下水道も当たり前のように完備されていますが、山の中では上水道はおろか、下水道も通っていない地域の方が多く、その場合は自分の敷地内で出る排水はすべて自分で処理しなければなりません。

生活排水というのは、トイレだけでなく、キッチン、お風呂、洗面所、洗濯機など家庭から流れ出るすべての水を指します。

その際一般的には、合併浄化槽という生活排水全部を流し込む大きな槽を地下に埋め、そこで殺菌処理をして地下に自然浸透させます。この方法はそのまま排水を垂れ流しにするよりはいいのですが、浄化槽で殺菌された排水もまた、決して自然環境に優しいものとは言えません。

山の中であっても、別荘が多く乱立するようになるとそのエリアの地下水が排水によって汚染されてしまい、その下にある湧水地に雑菌が繁殖するようになることなども珍しくはありません。

山の中での暮らしは、自分たちは自然の中に住まわせていただいているのだということをダイレクトに感じさせるとともに、人間も自然の循環の中の一部分として自然の中で共生していかなければならないという責任も強く感じさせます。

標高1000mは、人の生活圏としては日本で最も高い位置にあるエリアであり、水は高いところから低いところへ流れていくのと同じように、高いところに住む人々のすべての活動は、水を通して低いところに住む人々、さらには動植物を含めた自然すべてに大きく影響を与えることになります。何気ないひとつの行動、生活スタイルが、一体どれほど全体に影響を与えるのかということを考えると、軽はずみなことはできません。

「自分さえ、今さえよければ」

そんな思いでマイナスの水を流していけば、敷地内ではうまく処理したつもりでも、やがて地下水はエネルギーとしても、情報としても多くの水に影響を与え、その水が沢や川、支流から本流へと伝達し、海を通して世界へ、さらに大気に戻って地球全体にも影響が連鎖します。

でも逆に、山からプラスの水、エネルギーを流していけば、それはまたプラスとなって自分たち、そして地球にも大きな恵みとなって還ってくるもの。

都会や田舎、山奥に限らず、人間が暮らすということは、ただそれだけでどれほど多くの犠牲の上に成り立っているのか、地球にどれほど大きな負荷がかかっているのか。そのことを無視して、家づくり、街づくり、国づくりはできないはずです。

実はこのことについても、ユダヤ人から学べることが多くあります。

ユダヤ人コミュニティは過酷な砂漠の中にあるだけに、生活に必要な水への接し方は非常に慎重なものです。

水の確保はもちろんですが、生活排水を垂れ流しにするなどといった水をないがしろにするような行為は、やがて必ず自分たちにしっぺ返しが来ることもよく理解しており、テクノロジーを駆使して排水の多くを農業などに再利用するように心掛けているのです。

こうして様々な試行錯誤の上で、何もないところからひとつずつ学び、考え、選択を重ねて出来上がった八ヶ岳の最初の拠点であるドームハウス。

この完成が八ヶ岳のコミュニティ活動の第一歩となります。

ごあいさつ

「まなひくらぶ」とは、出版社きれい・ねっとがプロデュースする、愛と真理に満ちた「言葉」でつながり、新しい時代を幸せに生きるためのコミュニティです。自らの人生の「変容」のスイッチをオンにして、「みんなで幸せに生きたい」「スピリチュアルな学びを深めたい」そんな想いをお持ちのあなたと、ぜひ楽しくご一緒できましたら幸いです!

きれい・ねっと代表　山内尚子

私たちもまなひくらぶのメンバーです

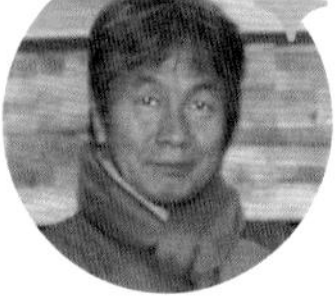

獣医師
森井啓二

破壊と創造の時代、明るい未来を先駆けて美しく生きる人たちと繋がっていきましょう。

画家・作家/雅楽歌人
はせくらみゆき

「まことなるなごやかなるはひかりあれ」まなひくらぶでミタマを磨いて、共に喜びの中で歩んでいきましょう。

錬堂塾主宰・長老
杉本錬堂

世界が少しでも良くなるように、皆で手を携えて、真摯に学び、大切に丁寧に生きていきましょう。

「まなひくらぶ」の詳細・お申込みはこちらから

「まなひくらぶ」で検索
または右記のコードをスキャン

まなひくらぶ　検索

https://community.camp-fire.jp/projects/view/550491

ManahiClub

第3章 農業から始まるコミュニティ活動

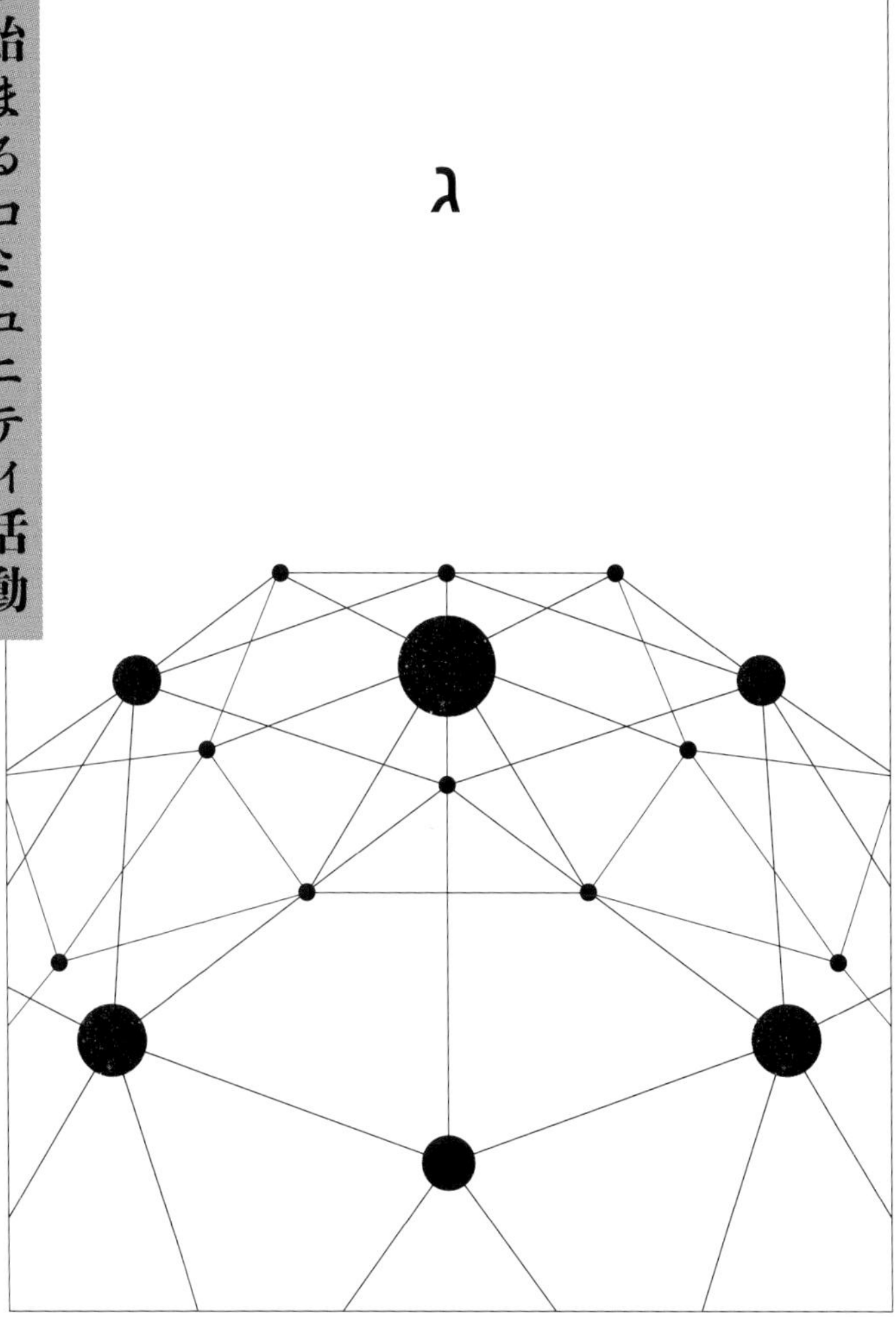

八ヶ岳ピースファーム

八ヶ岳にドームハウスの拠点が誕生してからほどなく、2016年4月に農業法人「八ヶ岳ピースファーム株式会社」という会社を設立しました。

「衣食住の自給」

これはコミュニティ活動の重要なテーマであり、かつ具体的な取り組みとなるものなのですが、その中でも最初に取り組むのは「食」にしようと考えたからです。

詳しくは後述しますが、これもまた、イスラエルのコミュニティ作りに学ぶところが多くあります。

イスラエルには、全国各地に自給自足する農村コミュニティ「キブツ」が存在しており、彼らの村づくりのベースもまた、農業、つまり「食」からスタートしています。見渡す限りの砂漠、何もない大地を緑地化させ、自分たちが生きていくのに必要な食料を自給することからすべてを始めているのです。

自分たちもそれに倣って、コミュニティのベースは食料の自給自足からと考え、まずは八ヶ岳に農業法人を設立することになりました。

ただ、食料の自給自足とは言っても家庭菜園をやる程度であれば、趣味の範囲内でやれば良いことです。それをわざわざ農業を専門とする法人を設立したのには、コミュニティの自給自足以外にもいくつかの目的がありました。

一つは「耕作放棄地の確保」

ご存知のとおり、今は日本全体が少子高齢化の時代を迎えており、ここ八ヶ岳南麓（山梨県北杜市）もまた例外ではなく、農業の担い手がいないことが大きな課題ともなっています。

農業をする人が誰もいなければ、農地は耕作放棄地と呼ばれる空き地となってしまい、放っておくとどんどん野生化していきます。

このことは、今までの農薬と化学肥料の慣行農業の苦しみから大地が解放されることになり、地球にとっては良いことと言えるかもしれません。しかし、国の食料自給率のことなどを考えると、急速に農家と農地が減少している現状は、やはり日本人にとっては非常にリスクが高いことだと言えるでしょう。

普段、当たり前に「ある」もの。そのすべては誰かによって「作られた」からこそ「ある」のであり、毎日大した苦労もなく食卓の上で食事ができるのも、外でいつでも気軽に外食ができるのも誰かが「食を生産」しているからであります。

これらすべてを人に委ねる、それも赤の他人はもちろん、遥か彼方の外国に多くを委ねてしまう……、依存してしまうことは、もしも何かしらの出来事がきっかけで輸入や物流が止まってしまうことを考えると非常に怖いことです。

ある時を境に突然、食卓の上に当たり前に並んでいた食事が並ばない、冷蔵庫にも何もない、スーパーやコンビニに行っても食料と名がつくものが何もない。いよいよ困り果てて、食料を求めて郊外や田舎に行っても農地は雑草や雑木が生い茂る耕作放棄地しかない。

「今日から何を食べて生きていけばいいのか？」
「明日からどうやって生きていけばいいのか？」

そんな非現実のような現実が、今の脆弱な社会システムの中では、ほんのわずかな出来事をきっかけに一瞬で訪れることがありえます。

生命を繋ぎ、命を生み出す源である農地（大地）。

資本主義社会の中では、その本当の価値は忘れ去られ、最低レベルにまで引き下げられて、都会の一等地と言われる土地や高層マンションの一画に田舎の農地の何百倍、何千倍もの価値が付けられています。

しかし、これから先は世の中の価値観が180度大転換する時代。実は幻であった価値のメッキが剥がれ、本当に価値あるものに人々が気づく時であります。

人間が皆で豊かに生活するために本当に必要なものは何なのか。

それを本気で考えていけば、段々と世の中の本質が見えるようになり、その中で単なる紙きれであるお金の確保よりも農地の確保が必須なのだということも自ずと分かってくると思います。

ところが実は、今の日本の法律上では農家や農業法人でなければ、農地を取得することが出来ない状況となっています。この法律は、農地が簡単に宅地などに転用されないように守るという意味では大変意義深いものなのですが、農業従事者が激減している今は、誰も手が出せない耕作放棄地がただ広がっていくばかりという状況の要因の一つともなっているのです。

農地を手にいれるために立ち上げた「八ヶ岳ピースファーム」は、八ヶ岳の耕作放棄地を増やさず、またすでにある耕作放棄地を確保していく活動をしており、それらを生命を生み出し、命を繋ぐ生産拠点として活用しています。

また、生産活動をすることで地球環境を改善することも大きな目的の一つであり、地球にも人にも優しく、生命の循環を大切にする自然栽培を続けていくことで、土地も人も良くなっていく活動を心がけています。

自然栽培を進めていくにあたり、個人の家庭菜園エリアでは先ほどご紹介した「あ・うんユニット」から生まれるエナジー水を使用しています。

そして、農場では、環境改善も可能な画期的な二つの農業用の資材、「バクチャー」と「ミネチット」というものを活用しています。

自然に還る「バクチャー」

「バクチャー」とは、「Back to the Nature（自然に還る）」を略した造語です。

ベースとなるのは、日本の火山礫《かざんれき》を焼成して作った「黒い粉」で、これを「一定量撒くだけ」で「その場の微生物が活性化」し、微生物のチカラで水や土壌をキレイにすることができます。

しかも、その「一定量」というのはごく少量で、池であれば水量1トンに対して、たったの30ｇなのです。

腐敗した臭気は、バクチャー投入後すぐに消えてしまい、底が見えない池であっても1ヶ月もすれば透明な池に変化します。

また、驚くべきはその短時間の浄化力だけではなく、一度その環境（自然本来のキレイな水）に戻った後は、その状態が継続することです。20年近く前にバクチャーで浄化したため池は、今現在も透明度の高い水質を変わらず保っています。それどころかむしろ、時間が経てば経つほど微生物が分解したミネラルが水の中に蓄積されて、よりエネルギーの高い活性水へと変容していくのです。

ほんの少量を撒くだけで劇的に環境を変えてしまう、正確には元の自然の状態に戻してしまうバクチャー。

ただし、どんなところでも良いというわけではなく、水が動いている場でなければなりません。これは、自然な状態の水というものは必ず動いているものだからであり、まったく水に動きがない池などでは、前述のような結果が必ず出るとは限りません。

それでも、バクチャーは「臭気の除去」についてはは得意中の得意であり、強い臭いのある環境はすぐに改善することができます。

たとえば、ラオスの養豚場、インドネシアの魚市場の池で行った実験では、バクチャー投入後わずか15～25分で臭気が90％以上減少するという結果が出ています。

また、人類が作ってきた毒さえも分解していくバクチャーと微生物の働きではありますが、強すぎる毒には対応できない場合もあります。というのも、基本的にバクチャーはケミカルとは相性が良くないのです。

農業で活用する時にも、農薬や化学肥料を使っていない自然農には大きな効果を発揮しますが、ケミカルを使う農業の中では、大きなパフォーマンスを発揮することは難しい場合もありますので注意が必要となります。

ただ、少量のケミカル（毒）では、バクチャーで出来上がった環境を簡単に崩すことはできません。

たとえば、川の最も上流の清流にしか生息しておらず、「渓流の王者」「神秘の美魚」とも呼ばれるイワナ。もし彼らを普通の水道水を入れた水槽で飼ったとしたらすぐに死んでしまうことは想像に難くないでしょう。

ところが、バクチャーを投入した水槽では、塩素が入ったごく普通の水道水であってもイワナが生息可能となります。それどころか、最初に一度だけバクチャーを入れたら、その後水の入れ替えは一切不要となるのです。

普通の水槽は、餌のカスや魚の糞などの影響によって、時間が経つと臭気が漂うとともに水が徐々に濁り始め、一定の頻度で水を総取り替えする管理が必要になりますが、バクチャーによって一度循環サイクルが出来上がった水（活性水）は、時々蒸発した分の水を添加するだけよく、それによって追加で入った塩素も微生物によって分解されてしまいます。

しかも、先に実験で紹介した池と同じように、その後1年や2年ではなく、10年以上も同じ環境が継続されるのです。

また、バクチャーは水や土壌の浄化というマイナスの環境に対しての作用だけでなく、その後の環境をより良いものにするプラスの作用、働きも強く持っています。

そして、そんな働きを応用して農業に使うことによって作物を元気に大きく、そして栄養たっぷりに育てるために農業資材として開発されたのが「土壌改良材　バクチャーS（ソイル）」、通称「炭バクチャー」と呼ばれるものです。

農業、特に自然農を行うにあたって最も大切なのは土作り。微生物が豊かに生息する環境づくりがとても重要となります。

いま自然農にチャレンジしようという人が大変多くなってきているのですが、自然農では理想的な土作りに5年から10年という長大な時間がかかることはよく知られたことであり、この土作りに時間がかかってしまうことが高いハードルとなっています。

ところが、このバクチャーSはそれを見事に解決してくれます。長年かけて自然農の土作りをしている人が、バクチャーSで出来上がった一年足らずの土を見て、自分が長年かけて生み出した環境をバクチャーSが一気に短縮して実現してしまっていることに驚愕されたそうです。

使い方はとても簡単で、プランターや畑に一定量をパラパラと撒いて、あとは土にすき込んでいくだけ。

八ヶ岳ピースファーム農場では、このバクチャーを土壌全体に撒いているのですが、効果は一目瞭然で、明らかにバクチャーを投入した場所は作物の成長が良く、味もとても美味しいものになっています。

余談になりますが、プランター、家庭菜園、農業において強い味方となるバクチャーSは、農業でなくとも、敷地に撒けば土壌の浄化、イヤシロチ化が実現できる優れものです。

「この地球が与えてくれた自然環境を取り戻したい」

地球にある「自浄作用」の仕組みを再現するバクチャー。開発者である杉山倫義氏がバクチャーにかける純粋でひたむきな想いには心動かされます。

77億人の地球人一人ひとりが1kgのバクチャーを使えば、地球は瞬時に太古の地球に戻ると言われており、その実現に向けて本気で活動されています。

そして、そんなバクチャーのビジネスパートナーは微生物。

バクチャーは、もともとその場にいる微生物を活性化（目醒め）させ、複合発酵の働きを起こし、微生物の持っている分解作用を急速に活性させる働きがあります。

つまり、どこか遠くの地で培養された特定の微生物や菌ではなく、その地に住まう微生物たちが力を合わせ、もともと持っている力を発揮して、自然本来の姿へと戻していくのです。

バクチャーによって起こる微生物たちのこの動きは、これから先の人類社会の生き方の大きなモデルとなるのではないかと思っています。

空から輝くような救世主がやってきて世界を救うのではなく、その場にいる一人ひとりが自立し、自分たちの力で身近な環境を良くしていくことからこそ、新しい時代は始まっていくのではないでしょうか。

先の見えない混沌とした状況の中で、自分たちが歩んでいくべき道を、微生物たちははっきりと指し示してくれているように思います。

世界を5分間沈黙させた少女

八ヶ岳ピースファームで使用しているもう一つの農業資材は「ミネチット」というもの。

ところで、皆さんは1992年にブラジルのリオデジャネイロで開かれた国連の「第一回地球環境サミット」という大舞台において行われた、カナダ人の12歳の少女の伝説のスピーチをご存知でしょうか？

その少女、セヴァン＝スズキさんは、子供の視点から今地球上で起こっている数々の環境問題をストレートに指摘し、世界に向かって、そして大人に向かって強く鋭い問題提議をし、世界中から注目されることとなりました。

1992年「第一回地球環境サミット」（リオデジャネイロ）における、12歳の少女セヴァン＝スズキの「伝説のスピーチ」

こんにちは、セヴァン・スズキです。エコを代表してお話しします。エコというのは、子供環境運動（ECO: Environmental Children's Organization）の略です。カナダの12歳から13歳の子どもたちの集まりで、自然環境を守るための活動をしています。あなたがた大人たちに、どうか生き方を変えていただけるようお願いするために、自分たちでお金を集めて、カナダからブラジルまで1万キロの旅をして来ました。

今日、私たちが話すことは、すべて嘘のない本心の言葉です。なぜって、私たちが環境運動をしているのは、私たち自身の未来のため。私たち子どもが、自分の未来を失うことは、あなたがた大人が選挙で負けたり、株で損したりするのとは次元の違う問題なのです。

私たちがこれから話すことは、未来に生きる子どもたちのためです。世界中の飢えに苦しむ子どもたちのためです。そして、もう行くところもなく、死に絶えようとしている無数の動物たちのためです。

世界中の飢えに苦しむ子どもたちの泣き叫ぶ声は、あなたがた大人の耳には届きません。どこにも行くところがなく、次々と絶滅していく数え切れないほどの生き物たちのことも同じです。だから、世界中の子どもたちや生き物たちに代わって、私たちが話すのです。

太陽のもとに出るのが、私は怖い。それは、オゾン層に穴があいているから。呼吸をすることさえ怖い。空気にどんな危険な化学物質が混じっているか分からないから。

お父さんと一緒に、よくバンクーバーへ魚釣りに行っていました。数年前に、体中ガンでおかされた魚に出会うまでは。

そして今、毎日のように動物や植物たちが絶滅していくのを、私たちは耳にします。一度絶滅してしまった生き物は、もう永遠に戻ってはこないのです。

私には小さいころからの夢がありました。

それは、いつか野生の動物たちの群れや、たくさんの鳥や蝶が舞うジャングルや熱帯雨林を見ることでした。でも、私は見ることができても、私の子どもたちは見ることができるのでしょうか？あなたがた大人は、私ぐらいの年齢の時に、今の私と同じように、未来の自分の子どもたちの心配をしたことがありますか？

こんなに大変なことが、ものすごい勢いで起こっているのに、私たち人間ときたら、まるでまだまだ余裕があるかのようにのんびりと構えています。
まだ子どもの私には、この危機を救うのに何をしたらいいのかはっきりわかりません。そして、あなたがた大人も、本当の解決法など持っていないと思います。だから、せめて、「本当の解決法など持っていない」ということだけは、自覚してほしいのです。

あなたがた大人は、オゾン層にあいた穴をどうやってふさぐのか知らないでしょう。死んだ川にどうやってサケを呼び戻すのか知らないでしょう。絶滅した動物をどうやって生きかえらせるのか知らないでしょう。そして、今や砂漠となってしまった場所にどうやって緑の森をよみがえらせるのか知らないでしょう。

だから、大人の皆さん、どうやって直すのかわからないものを、壊し続けるのはもうやめてください。

ここに集まっている大人のみなさんは、いろいろな国の政府の代表者や、企業や団体の代表者、そして、報道関係者の人たちです。でもほんとうは、あなたたちも誰かの母親であり、父親であり、姉妹であり、兄弟であり、おばさんです。そしてあなたがたの誰もが、誰かの子どもなのです。

私はまだ子どもですが、ここにいる私たちみんなが同じ大きな家族の一員であることを知っています。そうです50億以上の人間からなる大家族であり、3千万種類以上の生物からなる大家族です。

いろいろな国の政府や国境が、どんなに分け隔てをしようとも、私たち地球で生きるものたちが1つの大家族だということは、変えようがありません。

私は子どもですが、みんながこの大家族の一員であり、ひとつの目標に向けて心をひとつにして行動しなければならないことを知っています。

わたしは、今のひどい環境を見て、怒りで心が震えていますが、それでも、自分を見失ってはいません。わたしは、今のひどい環境を見て、恐怖で体が震えていますが、それでも、自分の気持ちを世界の人たちに伝える勇気を持ち続けています。

私の国での無駄使いは大変なものです。買っては捨て、また買っては捨てています。そして、そんなにたくさんの物を無駄にしている北の国は、物が不足している南の国と分かち合おうとはしません。物がありあまっているのに、私たちは自分の富を、少しでも手放すのが怖いのです。

カナダで暮らす私たちは十分な食物と水と住まいを持つ恵まれた生活をしています。食べ物も、水も、お家も、何でも十分にあります。時計、自転車、コンピューター、テレビ、私たちの持っているものを数えあげたらきりがありません。

2日前ここブラジルで、家のないストリートチルドレンと出会い、私たちはショックを受けました。一人の子どもが私たちにこう言ったからです。

「ぼくが金持ちだったらなあ。もしそうなら、家のない子すべてに、食べ物と着る物と薬、住む場所をあげるのに。それから、優しさと愛情もね」。

住むところもなく、今日、食べる物もない一人の子どもさえ、自分のことだけでなく、みんなと分かちあうことを考えているのに、すべてを持っている私たちがこんなに欲が深いのは、どうしてなのでしょうか？

この子どもたちは、私と同じぐらいの年齢でした。私は、自分と同じくらいの年齢の子どもたちが、こんな生活をしていたことがとてもショックで頭から離れません。同じ人間なのに、同じ大家族の一員なのに、どこに生まれついたかによって、こんなにも人生が違ってしまう。

もしかしたら、私がここブラジルのリオの貧民窟に住む子どもの一人だったかもしれないのです。そして、飢えに苦しむソマリアの子どもだったかもしれないし、大人たちの戦争の犠牲になった中東の子どもだったかもしれないし、インドで乞食をしている子どもだったかもしれないのです。

もし世界中の国の大人たちが戦争のために使っているお金を全部平和のために使えば、環境や飢餓の問題のために使えば、この地球はすばらしい星になるでしょう。私はまだ子どもですが、それでもこのことを知っています。

小学校で、いえ、幼稚園でさえ、あなたがた大人は私たちに、世の中でどうふるまえばよいかを教えてくれます。

たとえば、

「争いをしないこと」

「話しあいで解決すること」

「他人を尊重すること」

「ちらかしたら自分で片付けること」

「ほかの生き物をむやみに傷つけないこと」

「分かちあうこと」

「そして欲張らないこと」

なぜ、あなたがた大人は、私たち子どもに「するな」ということをするのですか？


みなさんは今日、何のためにこの会議に出席しているのか、どうか、そのことだけは忘れないでください。

そして、このような会議をいったい誰のためにやっているのか。それはあなたがたの子ども、つまり私たちのためなのです。あなたがたはこうした会議で、私たちがどんな世界に育ち生きていくのかを決めようとしているのです。

親たちはよく「だいじょうぶ。すべてうまくいくよ」と言って子どもたちをなぐさめます。あるいは「できるだけのことはしているから」とか「この世の終わりじゃあるまいし」などと言いますよね。

だけど、今の地球の環境を見れば、もうそんな言葉を自分の子どもに向かって言うことはできないと思います。

私たち子どもの未来のことなんて、みなさんの議題の中にすら入っていないじゃないですか。みなさんは、私たち子どもの未来のことを本当に考えてくれているのですか？

私のお父さんは、いつも「人間の価値は、何を言ったかではなく、何をしたかで決まる」と言っています。

でも、私は、あなたがた大人がこの地球に対してしていることを見て、泣いています。それでも、あなたがた大人はいつも私たち子どもを愛していると言います。

本当なのでしょうか？

もしその言葉が本当なら、どうか、本当だということを言葉ではなく、行動で示してください。

最後まで私たちの話を聞いてくださって、ありがとうございました。

「世界を5分間沈黙させた少女」

世界中でそんなふうに報じられ、伝説のスピーチと称されたセヴァン＝スズキさんのメッセージ。決して他人事ではなく同じ大家族の一員、大人の一人として、自分たちがどんな行動をしていくかが今も問われ続けていると思います。

濃縮植物活性液肥「ミネチット」

実は、この話には続きがあります。

「こんな地球環境にしてしまって、あなたがた大人たちは一体どうするの？」

セヴァン＝スズキさんからそんな問題を投げかけられた直後、各国の大人たちに重苦しい空気が漂う中で登壇したのは、なんとある日本人研究者でした。

日本人初の「地球環境サミット」の研究発表者であり、あの医療機関で使われるバリウムの開発者としても知られる薬学博士の嶋西浅男さん。日本、世界におけるミネラル研究の第一人者でもあり、特に鉱物ミネラルに関してはプロ中のプロです。

その嶋西博士が日本代表という立場で研究発表をする大役を担い、それがプログラムの流れから偶然にもセヴァン＝スズキさんの直後であったというのです。

日本の代表として招かれた嶋西博士は、その場で環境を取り戻すミネラル水の公開実験を発表して世界を驚嘆させました。

天の計らいなのか、世界に向かって問題提起した日系人少女の後に、日本人が出てきてそれを解決するテクノロジーを紹介する……。

日本のメディアでは一切と言っていいほど報道されませんでしたが、実は

１９９２年の地球環境サミットではこのようなドラマがあったのです。

嶋西浅男博士の技術は世界から注目され、早速導入する実験が各国で動きはじめました。

ところが、あらゆる環境問題が単なるミネラル水だけでいとも簡単に改善してしまうということは、特定の利権を持っている人たちからすると都合がよくないのでしょう。その後、この技術が広く世界に普及することはありませんでした。

それから長い年月が経ち、21世紀の社会が到来。

しかし残念ながら、当時の日本、世界の様相は今も変わっておらず、例えば日本の放射能汚染の問題にしても、すでにそれを消し去る技術があっても、国家予算として意味のない土の掘り起こし除染活動に資金が流れているため、放射能が消されては困るという本末転倒な状況がまかりとおっています。

少女の渾身のメッセージが国や経済を動かす大人たちに聞き届けられることはなく、人口は増え、自然は破壊され、生態系のバランスは崩れ、地球環境の悪化はさらに深刻化の一途をたどり、もう取り返しのつかない一歩手前まで来てしまっています。

地球を救う技術は、水面下ではすでに日本だけでもいくつもあったのに。

でも、地球に生きる自分たちは、決してあきらめるわけにはいきません。

嶋西博士のミネラル水の技術も関係者たちによってさらなる研究がなされ、やがて環境資材から農業資材としても活用されるようになりました。

そして、それこそが八ヶ岳ピースファームでも活用している農業資材「ミネチット」なのです。

ミネチットは、作物の光合成力を20倍から40倍まで引き上げ、このパワーにより、作物の茎葉に停滞し、取り込まれた時の人体への影響も懸念される硝酸態チッソを速やかに解消。より大きく、より美味しく、より安心・安全、もちろんミネラルたっぷりの作物を育てることができます。

しかも、土壌改良であれば500倍希釈、葉面散布であれば2000倍希釈と、よほどの大規模農業でなければ、本当に少量で良い成果を上げられるのです。

自然界や人体においても必要不可欠なミネラルですが、ミネラルならなんでも良いとは言えず、単一ミネラルではなく複合ミネラルであることが重要であり、またその中でも鉱物ミネラルが農業においてもより効果が高いようです。

山登りなどをすると土もない岩壁から木が隆々と生えていたり、聖地を訪れると磐座から植物が育っていたりすることがよくありますが、こういったことからも植物は鉱物ミネラルを吸収できれば、どんなところでも生育できるものであり、つまり鉱物ミネラルは生命の原点に位置する存在であるということが考えられます。

ただし、ミネラルは単一だけに偏ると有害性を持ってしまいます。多種多様のミネラルを混ぜ合わせると、ミネラルたちが手を結んで調和の世界を作り、「複合ミネラル」として単一では考えられないようなとてつもないパワーを発揮するのです。

ちなみに、これは微生物の世界も同じであり、あ・うんユニットの「複合発酵」でも、嫌気性や好気性などあらゆる微生物たちが手を繋ぐことで、原子転換を起こしたり、奇跡としか言いようのない結果を生み出すことはすでにお伝えしたとおりです。

ドームハウスもまた三角パネル同士の手繋ぎの世界であり、「ミネチット」はまさに、ミネラルにおける手繋ぎの世界と言えるでしょう。

さらに、鉱物の複合ミネラルを、テクノロジーを使って「ナノサイズ」にまで微細化するというところにも大きなヒントがあります。

金属イオンや鉱物を「ナノサイズ」で活用することは、量子力学の分野においても極めて有効だとされています。

ナノ化された鉱物が集まると「電位差」が生まれ、そこから「エネルギー」が発生します。これは気功やヒーリングのメカニズムのひとつでもあるのですが、ミネチットもまた、50種類ものナノ鉱物が複合的に活用されたものであり、だからこそ環境にしろ農業にしろ、これまでにない驚きの結果を生み出し続けているのです。

近未来の無限資源、大麻栽培の免許

自給自足の生産活動を通して地球環境を改善しながら、耕作放棄地を確保していくために法人化による農業事業へと参入しましたが、農業法人であることのもうひとつの大きな理由は、将来的に大麻栽培の免許を取得することを見据えているからでもあります。

「大麻」というと、日本では「麻薬」のイメージが強く、芸能人や著名人が逮捕される報道が頭に浮かびがちですが、それは世界から見れば今や非常識で時代遅れな認識であると言わざるをえません。

海外における大麻は「医療」や「嗜好品」、はたまた「産業素材」として認識されつつある非常に有用な資源です。

また何よりも、大麻は現在の石油を中心とした地下資源文明から地上資源へ移行するために必要な代表的植物として注目されています。

現在の文明は、目に見える物質から経済や社会活動のすべてが石油によって成り立っている石油文明であり、もしも石油がなくなれば、原始時代と変わらないような生活を送るしかない構造になっています。

そういった意味では、今の便利で快適な生活があるのは「石油様々」なのではありますが、一方で石油文明には様々な健康被害や環境被害などが無視できないものとしてつきまとってきます。

たとえ人間には分からなくとも、どんなことにも必ず理由があり意味があるもの。

太古の昔に、何らかの意味があって時間をかけて地下に眠ることになった石油という資源。それを掘り出し、再び酸素と結びつけて消費していくことは、すなわち地球を再び太古の昔の環境へと戻す作用となっているはずであり、その行く末は人類が地球に誕生できる前の地球環境ということになるでしょう。

人類にとって石油文明の恩恵は数多く、簡単に離れがたいものであることはたしかです。しかし、これから先は「今だけ自分だけ」ではなく「未来の人類のため、地球のため」と考える時代であり、限りある地下資源を使い続けること、最終的には地球を人類がいなかった頃の環境に戻すことになる石油文明からは、もうそろそろ卒業しなければなりません。

ただ、限られた量であり、限定された場所でしか産出できない「有限資源」である石油は、その特性ゆえにお金が中心となっている現代社会における、金儲けと支配のためのこの上なく便利なツールとなってしまっています。

もしも、どの地域でも無限に産出できるエネルギー資源があれば、石油がこれほどまで文明の中心的な資源になることはなかったでしょう。

「そんな資源がないから困っているんじゃないか！」と思われるかもしれませんが、実はこの石油の対極にあって、地下ではなく地上のどこにでもあり、まさに「無限資源」と言えるのが大麻なのであります。

エネルギーはもちろん、衣食住、医療への活用、さらには現代技術によって5万種類以上にも製品化が出来る大麻。当然ながらお金の時代の石油化学文明からは目の上のたんこぶとみなされ、20世紀の僅かな期間において完全に人類の歴史上から封印されてしまうことになりました。

1937年、世界を牽引するアメリカが大麻に課税する法律を制定したことをきっかけに法的な大麻規制が始まりました。日本においても戦後、GHQの策略によって1948年に大麻取締法が制定され、70年以上かけて国民は洗脳され、今では日本人の99％以上が「大麻＝麻薬」という認識を持つようになりました。

こうして、現在は法律によって所持や実質的な栽培が規制されている大麻ですが、ひと昔前のアメリカにおいては、逆に法律によって栽培しないことが規制されていた時期もあり、物資不足となった１７６３年から１７６７年のヴァージニアなどでは、大麻草を植えないと投獄される事態も発生していたそうです。

そんなアメリカにおける大麻の歴史は、統一国家となる前の今から４００年近く前にまで遡り、１６３１年から１８００年代前半までは、農民にこぞって栽培させるために大麻草は貨幣と同等の扱いがされていて、大麻草で税金を支払うこともできたようです。

大麻の需要はアメリカ合衆国となってからも年々高まり、１９３０年には約４００万平方メートルの栽培量だったのが、１９３７年には5億６０００万平方メートルの栽培量と、わずか7年で１４０倍にまで増加し、その勢いは止まることなく、１９３７年に規制が入らなければ近い将来にはアメリカでは最大の生産量を誇る作物となるはずでした。

また、1930年代まで大麻の人体への医療利用は合法とされており、大麻は20世紀に入るまでの3000年間、世界の約3分の2の地域で医薬品として珍重されてきた薬草（ハーブ）でもありました。

つまり、この100年以内の人類だけが「大麻＝麻薬＝危険なもの」という認識を持っているのであり、歴史的には1万年以上も前から、大麻は生活の中で様々な活用法をされてきたものなのです。

もしも過去の人類がタイムスリップして今の大麻の社会的な立ち位置を見たら、なんとも滑稽というか不思議に思うことでしょう。

そして、近未来をはじめ、遠い未来の人類からも「20世紀から21世紀の僅かな期間、大麻が危険な麻薬として扱われるという珍事があった」と不思議な出来事として語られるのかもしれません。

世界有数の大麻王国だったアメリカも一時は完全に大麻が封印されそうになりましたが、近年になって医療用大麻を皮切りに一気に「麻開き」の流れが始まっています。

縄文古来より、世界最古の大麻文明を持つと言われる日本もまた、「栽培者免許」を持って大麻栽培をしている農家が戦後、つまりは1948年に大麻取締法が制定されてから激減しています。

最盛期の1950年には大麻栽培者は2万5000人を超え、栽培面積は4000ヘクタール以上もありましたが、2005年には栽培者は68人、栽培面積は9ヘクタールにまで落ち込んでいます。

わずか55年の間に、栽培者の数は0・3％未満、栽培面積も0・2％未満になってしまうというまさに深刻な状況ですが、現在も栽培者の数は減少傾向にあり、今では50人前後しか「栽培者免許」を所持している人はいないようです。

そのうちの過半数以上は栃木の伝統農家が免許を持って栽培しているだけなので、戦後の新規の大麻農家はほとんどいないという状況ではありますが、ここ数年は産業用大麻として地方の自治体を中心に町おこしに大麻が注目されてきています。メディアで報道される麻薬扱いの情報とせめぎあいながらも、今後はさらに一段と大麻の話題が良い形で世の中に出てくることになると思います。

コミュニティ作り、地域起こし、国造りと、規模はそれぞれでも、自給自足する循環社会を構築するにあたり、衣食住、医療からエネルギーに至るまで、今石油で成り立っているもののすべての代用が成り立つ大麻は、非常に有効な作物のひとつです。

病気や虫に強いので農薬がいらず、痩せた土地でも育つので肥料もいらず、栽培がとても楽なのも大麻のすばらしい特徴であります。

また、わずか3ヶ月で3mから5mほどにまで急成長するので、多くの二酸化炭素を取り込み酸素を放出する天然の空気清浄機としての働きも期待され、さらに地下では急速に根を広げて土壌改良までしてくれるので、栽培すればするほど人間が汚してきた地球環境がクリーンになっていくのです。

「でも吸ったら麻薬でしょう？」

世間の常識では、大麻やヘンプというよりもマリファナのイメージが強く、その「吸う」という行為にばかりが注目されがちですが、ブラックマーケットで出回っている大麻は、ケミカルを混ぜた合成大麻や品種改良されて薬効成分が濃縮された大麻であり、日本に古来自生している天然の大麻などとはタイプがかなり異なります。

一口に大麻と言っても、数千種類も品種があり、アルコールと同じように薬効成分の濃度や効果もまちまちです。

とはいえ、ある研究データによると、大麻はアルコールに比べると約114分の1の害しかないとも言われており、世界全体においては麻薬と呼ばれるほどの毒性や依存性はないものという認識が高まっています。

だからといって吸うことを推奨するつもりはありませんが、今報道されている大麻の情報にはかなり偏りがあり、良い側面はまったく報道されない一方で、悪い部分だけが、しかも真実ではない着色がなされ、それが強調されて大麻のすべてとして報道されています。

現状、大麻の栽培免許を取得するにはそれ相応の理由や名目が必要であり、個人がいくら熱い想いや理想を語ったところで到底取得できるものではありません。

そんな中で農業法人という立場は、免許を出す側からも比較的出しやすい相手であり、また協力が必要な地域住民や自治体との交流の中での信用にもつながっていきます。

「大麻を健全な形で、産業用として地域起こしに使っていく」ということを個人が言うよりも、また一般企業が言うよりも、やはり農業に特化した法人組織が言うのでは説得力や信用性が全く異なってくるものであり、面倒といえば面倒ですが、こういった細かい配慮もまた、今の過渡期の社会においては必要なのだと思っています。

農業はコミュニティで支えていく

こうして始まった農業事業によるコミュニティ活動は、毎年少しずつ農地を拡大していき、現在は2000坪の田圃、4000坪の畑を5名の農業メンバーで管理しています。

20代、30代の若い世代を中心に全員が都会からの移住者であり、農作業をベースにしながら、合間時間でそれぞれのライフワークを楽しむ生活を実践中であります。

また、今後は現在の農業法人から農地所有適格法人（農業生産法人）へと移行する予定であり、より本格的に農業事業を展開する準備を鋭意進めています。

もしかすると、読者の皆さんの中には、これから自分たちと同じように都会を離れて就農したり、農家として独立することを考えている方もおられるかもしれませんし、またご自身の地域の耕作放棄地を何かしら有効活用したいと考えている方もいらっしゃるかもしれません。

ただ、自然栽培は一般の農家と比較するとともにかく手間暇のかかるものであり、いまの資本主義経済の中で事業として継続することは決して簡単なことではありません。

自然栽培農家として独立して生計を立てていくには、生産技術を身に付けるだけでも数年はかかりますし、努力して良い作物が生産できるようになったとしても、安定した販路を見つけ出して事業を軌道に乗せるには、さらに時間がかかることも考えられます。

実際、多くの自然栽培農家がすばらしい志があってもその道の険しさに苦しみ、道半ばで事業を諦めてしまうか、本業として別のことで収入を得て片手間で小規模の農園をやる程度に収まってしまいます。

もちろん、半農半Xという、別の手段で収入を得ながら農業を生活に取り入れるスタイルも決して悪いものではありません。

ただ、日本の食の現状を変えていくためにも、農業を本気でやりたい人が専念して農業をやること、また地域の耕作放棄地を精力的に有効活用していくことは本当に重要なこと。八ヶ岳ピースファームはそれらを実現していくために、農業法人として親会社であるやつは株式会社と協力しながら事業展開をしているのです。

さらに現在は、オーナー制度を事業に取り入れ、一般的な「生産者と消費者」という枠を超えた運営にも取り組んでいます。

農場の一区画の年間オーナーを毎年募集し、その区画で生産された野菜はオーナーとなった方の持ち物として定期的に自宅へ配送することも、また、採れすぎた場合には市場に売りに出すことも可能です。休日などに豊かな自然あふれる八ヶ岳の農園に出向いて一緒に農作業体験をすることもでき、スーパーで売られている野菜を買うのとはまったく違ったかたちで、野菜を生活の中に取り入れることができます。

オーナーでありながら、自らが生産者になったり消費者になったり、しかも栽培されるのは無農薬・無化学肥料の安心安全な野菜ということで、自分にマッチした良質な野菜を求めている方からはとても人気の仕組みになっています。

本来、農業は地産地消こそがベストであり、その地域で暮らす方々の命を繋ぐ最も大切な事業として地域が一体となって運営し、守っていくことが理想なのですが、分離化が進められてきた現代社会においては、農業や農家が自力で生計を立てて行かざるをえなくなりました。

そのような状況にある農家にとって、売れるか売れないか分からないものを作付けするのはとても勇気のいることです。しかも、勇気をもって取り組み良い野菜が生産できたとしても、いざ販売となると、比較にならないほど手間暇かけて生産したにも関わらずスーパーの野菜と値段を比較されてしまい、ほとんど売れないということも決して少なくありません。

コミュニティ活動において、今後ますます様々なエリアで農業に着手する方が増えてくると思いますが、このような流れを変えていく意味でも、農業は一人で生産するのではなくグループやチームで取り組んでいくこと、また販売するのも一人で売り歩くのではなく、多くの人々と協力しながら地域に合った販売方法をとっていくことが必要となってきます。

詳しくは後述しますが、農業は単独で運営するのではなく、レストランや子供たちの学校とコラボしたり、また最終的には自治体と地域の農業が積極的にかかわりあっていくことで良い循環が生まれてくると思います。

第4章 仲間をつくる、仲間とつくる

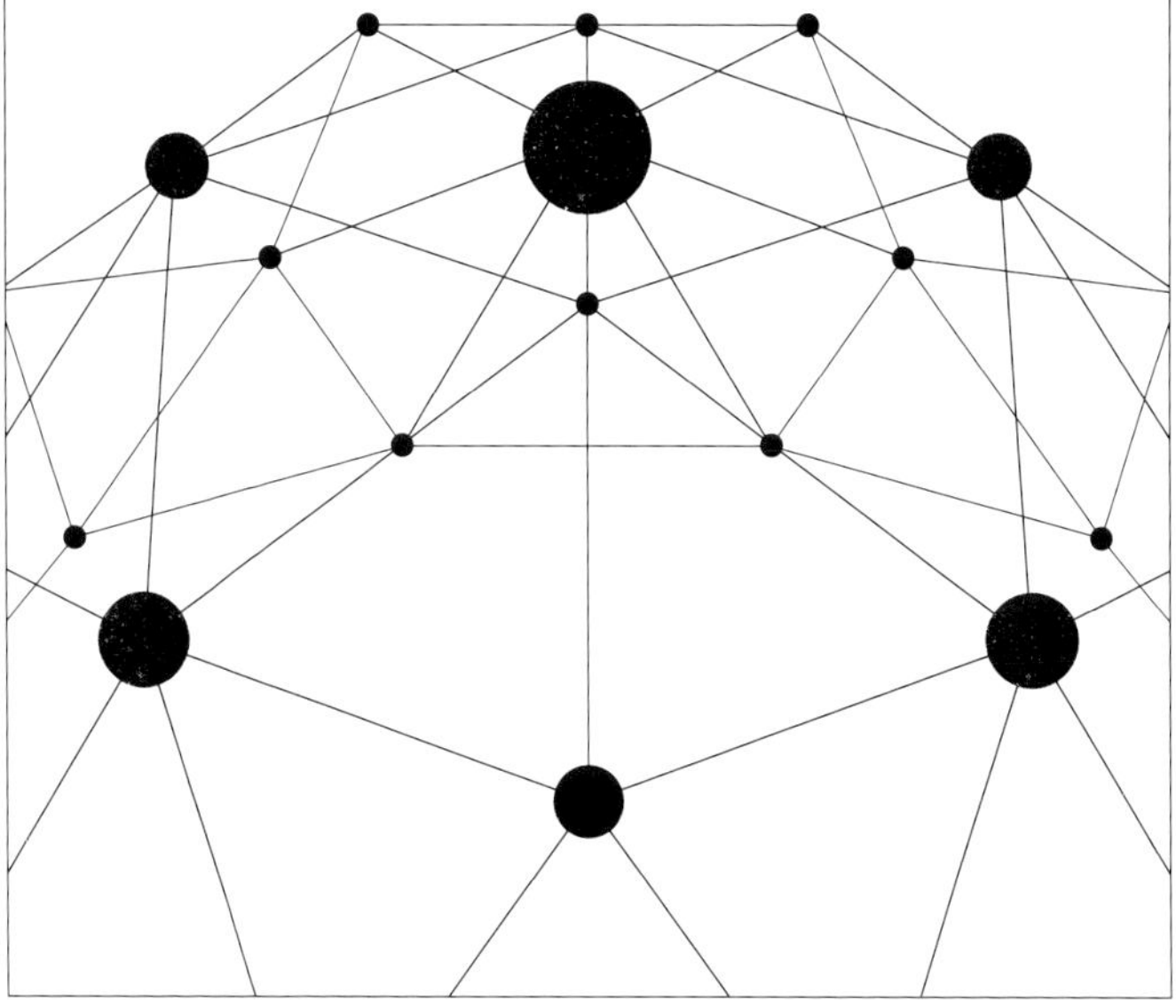

移住サポートサービス「やつナビ」

ドームハウスの見学や農場での作業体験をきっかけに、多くの人々が八ヶ岳エリアを訪れるようになると、自然と周辺地域に移住したり、別荘を持つ人々が増えてきました。

やがて、移住の相談や物件探しの手伝いを依頼されるようになり、ボランティアで移住のサポートをするようになったのですが、八ヶ岳エリアの移住への受入れ体制にはまだまだ多くの課題があることが分かってきました。

まずひとつは、情報が少なすぎること。

移住といえば不動産情報が必須となりますが、八ヶ岳エリアには不動産業者自体はたくさんあるものの個人規模の会社がほとんどです。そのため、インターネット上の情報も僅かであり、しかもそれぞれが個々のホームページに出しているだけという、移住希望者が必要な情報を探すのは非常に困難な状況になっています。

さらに、八ヶ岳エリアが特殊な環境であるという点も大きな問題となります。

八ヶ岳エリアには、車で10分も行けば標高が200mも300mも違う山岳地帯特有の平地にはない特殊な条件があります。

標高が100mでも違えば気候も日々の天気もまったく変わってくるため、それに合わせた生活スタイルを考慮しなければならず、通常の移住とは勝手がだいぶ異なるのです。農業をやるなら標高は低めのエリアが適していますし、少しでも人気《ひとけ》の少ない静かなエリアを望むなら標高の高いエリアが良いかもしれません。

このような地域特性を、先に述べたようなわずかな情報だけで理解するのは極めて困難です。

現地を直接、それも何度も訪れないと自分にマッチしたエリアさえも見つからず、さらに物件を探すともなると、理想となる場所を見つけ出すのは至難なことであり、実際にミスマッチが多く発生していることも問題になっていました。

そこで、ご相談に来られた方々がこういった問題をクリアして少しでも理想の移住ができるように、自分たちで完全にサポートしようということとなり不動産事業の免許を取得。２０１７年春に「やつナビ」という八ヶ岳の不動産情報サイトをオープンさせ、総合移住サポートサービスを開始しました。

まず、このエリアの特性を正しく理解していただくためにも、定期的に移住説明会を開催することにしました。八ヶ岳エリアの特徴や移住に必要な情報を現地にいるからこその視点でお伝えし、その上で個々の目指す移住スタイルをヒアリングして、マッチするエリアや物件を探していきます。

WEBサイト「やつナビ」でも、標高や井戸の有無など、地域独自の検索項目を備え付けるなどして、遠隔地からであっても、事前に少しでもご自身の希望に合う条件の物件が探せるようなアレンジを加えています。

ただ、八ヶ岳エリアの不動産事情において最もネックとなったのは、実は賃貸物件の少なさです。

引越しや移住と言っても、すぐに土地を買って新築できる人や中古物件を買える人は限られており、まずは賃貸から八ヶ岳移住を希望するという方もかなり大勢いらっしゃいます。

ところが、このエリアは元々は観光地や別荘地であり、いわゆる都会にあるようなアパートやマンションなどはほとんどありません。空き家率は全国1位の山梨県であるため空き家は山ほどあるのですが、それを賃貸として貸し出している物件はほとんどないのです。

このような状況では賃貸希望者の受け皿があまりにも不十分であり、若い人や単身者などはなかなか移住ができません。

そこで新たな受け入れ環境を整えようと考案したのがシェアハウス事業。

八ヶ岳エリアの空き家の中には、普通の住居ではなく30年、40年前に脱サラしてペンション運営を夢見た移住者たちの所有するペンションが数多くあります。空き家になってしまったのは、ペンションの老朽化もさることながら、何よりもオーナー自身が年齢とともに事業を続けられなくなってしまったから。しかし、いくら売りたくても今の時代はペンション需要が低下してしまっており、簡単には売ることができず、空き家となってしまっているのです。

ペンションの構造は１Ｆに談話室やダイニング、大型キッチン、お風呂などが集約されており、２Ｆは各個室に分かれているといったかたちになっています。この構造がいまではすっかり定着してきているシェアハウスの運営にぴったりだということに気づいた自分たちは早速事業化に乗り出すことにしました。

まず、売りたくても売れずに困っているペンションオーナーさんから物件を預かり、それをシェアハウスとしてリノベーションし、新たなシェアハウスオーナーを見つけてマッチングし、八ヶ岳エリアにお手軽に入居できる賃貸物件を増やしていくというプロジェクトを生み出したのであります。

お手軽な賃貸物件を探していた人たちが喜び、売れずに困っていたペンションオーナーさんも喜び、賃貸収入を得られる投資物件を探していた新オーナーも喜び、それらを結ぶことで自分たちも事業となり喜びとなる。そんなシェアハウスの取り組みは、八ヶ岳エリアに新しい人財を招き入れる非常に良い受け皿として機能していくようになりました。

もちろんシェアハウスを運営していくうえでは成功も失敗も多数ありますが、設備環境によっては少しの衣服さえあればすぐにでも入居できてしまう物件もあり、そんな気軽さも手伝って、シェアハウスは今も着々と増えています。こうしたそれぞれの地域の特性に合わせながら地方の空き家を有効活用していくという取り組みは、今後移住者を増やす、仲間を増やしていくのには非常に有効な手法だと思います。

また、所有の時代から共有の時代へと移行しつつあるいま、個々人が分離して生活しエネルギーも家も無駄遣いするよりも、シェアハウスのように同じ屋根の下で他人同士が協力し合って生きていくことに喜びを感じる人も増えています。

入居者の年代も性別もバラバラのシェアハウスでは、それが新たなかたちの家族のような状況となり、喜びも悲しみも含めて、多くの新鮮な体験と学びを得ることができるようです。

血は繋がっていなくとも、魂の深い部分では元から繋がっている人々が偶然ではなく必然として出逢っているようにも思え、血の繋がりがある家族同士のトラブルが絶えない現代社会において、シェアハウスにおける新たな「家族」のあり方は、今後ますます重要な存在となっていくようにも思えます。

エネルギー自給をテーマにしたエコハウス

八ヶ岳での活動の幅が広がるにつれて、オフィス兼自宅として活用していたドームハウスが手狭になってきてしまい、2018年春に新社屋「エコハウス」が誕生しました。

ドームハウスの隣地の杉林を伐採し、その杉材を利用した木造建築であるエコハウスの最大のテーマはエネルギー自給「オフグリッド」でありました。

オフ（切る）グリッド（送電網）。

エコハウスは、東京電力（商用電源）からも電気を引いていますが、建物に隣接する小さな小屋が「発電所（独立電源）」となっており、施設で使用する電気は太陽光のみで自給できるようになっています。

あまり知られていませんが、実は日照時間日本一、冬の晴天率日本一の山梨県北杜市は、太陽との相性がバッチリ。

ショールームやオフィス、倉庫の照明から、業務用複合コピー機、冷蔵庫や電気コンロ、さらに10台以上のパソコン等が日夜稼働していても、晴れている日が続く限りは、電力会社からの電気に頼らずとも、施設に必要な電気はすべてまかなうことができるようになっています。

エコハウスで採用している発電に必要なシステムは、「太陽光パネル」「再生鉛バッテリー」「充電コントローラー」「インバーター」の4つ。

屋根の上でお日様に照らされた16枚の「太陽光パネル」で発電された電気は、そのまま屋根から壁伝いで地面に入っていき、物置脇の下から物置内へと繋がっていきます。

そして、物置の中には充電を制御する「充電コントローラー」と電気の流れを直流から交流に変える「インバーター」、それに蓄電のための24本の「再生鉛バッテリー」が入っています。

いずれの資材も市販されているものなので、誰でも簡単に手に入れることができますが、他と違うこのエコハウスの自家発電ならではの特徴はバッテリーにあります。あえてローテクである「再生鉛バッテリー」を使用していることが最大のポイントなのです。

鉛バッテリーは、工場などで使うフォークリフト用の鉛バッテリーの新品となっており、エコハウスのオフグリッドを施工した岡山県にある「自エネ組」(http://www.jiene.net/) から、特殊なルートでかなり安く手に入れることができます。

鉛バッテリーを使う理由は、なんと言っても「再生」できること。

現在市販されているバッテリーは、どんなに高性能になって蓄電量が増えたり小型化されても、再生することができないためいつかは寿命が尽きてしまい、また新しいバッテリーを買い直して交換しなければなりません。

ところが「自エネ組」が持っている技術を使えば、年に一度のメンテナンスだけで、通常は2、3年で尽きてしまうバッテリーが驚くほど長く再生され続けるのです。

その技術の肝となるのは通称「魔法の粉」と呼ばれる特殊なパウダーであり、年に一度のメンテナンスというのは、バッテリーの蓋を開けてそのパウダーを投入するだけ。あとは1ヶ月に一度ほど、各バッテリー内の溶液をチェックし、減っているバッテリーがあれば補充液を追加するだけで、バッテリーの心配もなく手軽にオフグリッド生活を続けることができます。

さらに、エコハウスの屋根の上には、太陽光パネルだけでなく太陽光空気集熱パネル「びおソーラー」も設置されており、屋根で暖まった空気を施設内に引き込んで、補助的な暖房機能として床下暖房となるようにしています。

底冷えしない環境を常時作っておけば、わずかな暖房で部屋の中が暖まるので、暖房費やエネルギーを削減することができます。しかも、そのわずかな暖房についても太陽光で発電したエネルギーを使うのですから、暖房費０円で寒さの厳しい八ヶ岳エリアの冬を過ごすことも夢ではありません。

また、生活の中で給湯を必要とする場面はそう多くはないかもしれませんが、お風呂にしろシャワーにしろ、必ずお湯は必要になってくるので、給湯システムを自給できるようにすることも非常に大事なことだと思います。

そこで、集熱パネル「びおソーラー」の下には「熱交換式温水器」のタンクが立っており、２００リットルもの水が太陽光によって温められて、そのままお湯として活用することができるようになっています。

そして、建物の裏のボイラー室には薪ボイラーを設置しており、薪を燃やした熱が床暖房となるだけでなく、お湯を作る給湯機能も持つようになっています。

ボイラー室の隣には浴室も作りました。この浴室、シャワーは太陽熱で温められた温水が出て、浴槽の蛇口からは薪ボイラーの熱湯が出てくるというおもしろい仕組みになっています。
天然湧水を薪で温めたお湯は温泉に引けを取らないトロトロの質感であり、浴槽もヒノキで作ったこだわりのものとなっているので、一度入ると身体の芯まで温まって、湯冷めすることがありません。

このようにエネルギー自給を実践することは、経済面だけでなく心身にとっても、とても豊かになれるメリットが数多くあります。

エネルギー自給はまだまだ発展途上でこれからの分野ではありますが、近い将来にはより高度な自家発電の仕組みを完成させ、地域のエネルギー自給にも貢献できるような環境を整備していきたいと思っています。

さとううさぶろうさんとの出逢い

「うさと」とは、デザイナー「さとううさぶろう」さんが立ち上げた自然服アパレルブランドであり、タイで織られたヘンプ、コットン、シルクを使った衣服たちです。

うさとのコンセプトは、「生産者から販売者、購入者もすべてがキャスト（出演者）でありアーティスト」というもの。

「うさと＝宇宙（う）の故郷（さと）へ還る」ことに向けた衣服という1つのアート作品を皆が調和しながらそれぞれの役割、役者に分かれて作り上げています。

生産者は生産者、販売者は販売者、購入者は購入者と分離することなく、誰が偉くも上でもない。
糸を紡ぐところから、それが形となり、運ばれて誰かが身にまとい、本来の自分自身を生きること、そのすべてがアート。

こうして関わる人皆で、持続可能な地球づくりに必要な衣食住の「衣」の最先端を突き進んできた、うさと。「サスティナブル（持続可能な）」という言葉が使われる以前から、ファッション業界では異例の取り組みを当たり前に続けてきました。

今、ようやく時代がうさと、うさぶろうさんに追いついてきたところ。

今年になってファッション業界の最先端もヘンプに注目するようになり、これから衣の世界も大転換が起こりそうです。
そんな中で、うさとの持つ役割、うさぶろうさんの今後のさらなる活躍は業界にとってとても大事なことだと思います。

さて、少々話が逸れますが、そんなうさぶろうさんと自分が初めてお逢いしたのは、今から7年前の2013年6月18日、京都を訪れた時でありました。

たったひとつの出逢いが、人生をここまで大きく変化させることがあるのだということを、この7年間で身をもって体験したように思います。

当時、自分は山梨県の富士河口湖町に住んでいたのですが、この日にうさぶろうさんと京都でお逢いする約束が入ることで、直前に「六甲山」へ出向く機会に恵まれ、六甲比命神社を訪れてセオリツヒメという女神様と繋がることになりました。

またその時の様々な出来事から、なぜか遠く離れた八ヶ岳移住のご縁が生まれたのであります。

その夜に京都でうさぶろうさんとお逢いし、翌日にかけての夜中に貴船神社の奥の院、上賀茂神社、下鴨神社を初参拝することになり、そこから、うさぶろうさんとの長期に渡る巡礼の旅が始まりました。

そして、そこからまた自分の人生は大きく方向性が変わり、ある意味予想外の本番スタートとなったのです。

ある時には、うさぶろうさんから突然「淡路島へ行かなければなりません」と言われ、「シオンの山」と呼ばれる聖地を守る管理人である魚谷かよさんに連れられて、自分もまたシオンの山に登り、さらに淡路島に存在する古代ユダヤの民の遺跡などを訪れることに……。

他にも多くの日本の聖地を次々と訪れるのですが、訪れれば訪れるほど、そこに関与してくるのが古代イスラエルの民。

「これは、いよいよどこかで本拠地イスラエルに行かなければ……」

そう思いながら半年が過ぎた2014年1月に、日本とユダヤをつなぐ活動家である赤塚高仁さんと出逢い、その年ついに現地を訪れることになりました。

ブログの読者の皆さんの中にはご存知の方も多いと思いますが、この初イスラエルの旅は本当に壮絶なものであり、今でも謎多き伝説の旅のひとつ。

初めて訪れたエルサレムで空に八芒星の光が出現し、そこから我が人生はまた大きく変わってしまいました。

それまで旧約聖書も新約聖書も一度も読んだことのない、いまだに聖書に触れたこともない人間が、イスラエルを初めて訪れることで繋がった存在は、まさかのイエス・キリストであったのです。

それから毎年のようにイスラエルを訪れるようになるのですが、二度目のイスラエル訪問においては、ガリラヤ湖畔でかの有名（⁉）な「九尾の白狐」と遭遇することになりました。

人生における神秘体験の中の最大の出来事。あの聖獣との出逢いは、生涯忘れることはできないでしょう。

そのご縁もあってか、次に訪れる２０１６年の三度目のイスラエルではガリラヤ湖でまさかの結婚式。

実はこの結婚式も、そして妻との出逢いのきっかけも、すべてうさぶろうさんでした。

本当にたくさんの驚くべきエピソードがあるのですが、それらについてはまたいずれどこかで。

とにもかくにも２０１３年のあの日、京都を訪れてうさぶろうさんにお逢いしていなかったら、また全く違った人生を送っていたことでしょう。
あれから7年。自分もうさぶろうさんも、その頃からブログ等でお付き合いくださっている方々も、すっかりと歳を重ねたものです。

魂は永遠でも、この肉体でできることは有限。誰もが当たり前に明日が約束されていると思いがちですが、そんな保障はどこにもありません。

今できること、今日という一日を大切に。
そして、何よりも一人ひとりとの出逢いを大切に。

そして、うさぶろうさんとの出逢いからわけも分からずに始まった聖地巡りではありますが、ご縁ある聖地や神社などを訪れると、その人にとっての魂のミッションが発動することを今なら強く感じることができます。
神社参拝は、人それぞれに様々な目的、様々な意味があるのでしょうが、自分自身は、大事な節目こそ、自然なかたちで導かれる神社や聖地を訪れるように心がけています。

三次元の目の前のことを大切に生きることをしていく中であっても、そのように真摯に生きていけばいくほど、ご縁のある目に見えない世界との繋がりは自然と深まり、思いがけない、しかしそれぞれにベストなかたちで表れてくるものです。

この世界は頭で想像するよりも、もっともっとロマンと神秘に満ち溢れ、そしてとてもユーモアに富んでいます。それもまた創造主、サムシンググレートとも呼ばれる存在のチャーミングなところ。

そして、自分たちの意識とその存在との繋がりが深まれば深まるほど、この世界の真実がもっと見えてくるのです。

「うさと×やつは」繋がる時代の新プロジェクト

話を戻して、人生をすっかり変えてしまったうさぶろうさんとの出逢いと同時にうさとの服にも出逢った自分は、すっかりその魅力の虜となり、定期的にドームハウス等で展示会販売をさせていただいています。

うさと服では当たり前の「天然草木染め」ですが、大変な手間とコストがかかることから世界中どこを探しても極々一部でしか行われておらず、これだけの商品数を天然草木染めで実現できているのは、世界でも唯一と言っても過言ではないかもしれません。

仮に存在したとしても、染めの作業ひとつとっても気が遠くなるほどの手間暇がかかっており、商品として完成する頃にはとんでもない価格になってしまうことでしょう。

そういった意味では、独自の生産体制を持っている「うさと」だからこそできるクオリティであることはもちろん、市場価格においては安すぎる価格であり、逆に専門家からすると、価格を見て「これは完全な天然草木染めではないのではないか？」と疑われてしまうほど。

また手織りの作業も、見えないところに本当に細やかな手がかけられており、ストール一枚にしても、たとえば布の終わり部分にあるパラパラとした糸の装飾「タッセル」は、チェンマイやラオスの村人たちが、一つひとつ糸を手で丁寧にねじって作っています。

これだけでもエネルギーの高いものになるのは自明ですが、それがヘンプなどの糸で作られており、さらに天然草木染ということになれば、エネルギー換算すると計り知れないほど驚異的なものになります。

実際、そんなストールは、1枚持っているだけでおしゃれなアイテムとして活躍することはもちろん、様々な場面で役立つ優れものです。

電磁波が心配な新幹線や飛行機の中でさっとはおったり、気の悪いホテルなどに泊まるときに部屋にかけたり、自分にかけたり、枕の上に敷いたり……。

また、神社仏閣、パワースポットに行った際に過剰なエネルギーを受けるのを緩和したりといったことにも使えるものになっています。


これまで、「衣食住」について生活の根幹を成すものとしてかなりのページを割いて述べてきましたが、中でも「衣」というのは、ともすれば忘れてしまいそうになるほど人間の生活に密着するものであります。


人はよほどの引きこもりでなければ、一日中ずっと家にいることはなく、食事は一日に2回から3回、ごくまれにですが不食の場合もあります。

しかし今のところ、特定の先住民か生まれたての赤ちゃんでもない限り、人は24時間（お風呂や裸で寝る人以外）、ほぼ何かしらをまとって生活しています。

衣服は、呼吸をするのと同じくらい、生活の中に密着しているもの。

まるで第二の皮膚のように、肉体の外側は衣服にまとわれています。

それは目に見えないオーラと同じくらい重要な役割を持っており、かつ自分で選ぶことのできるもの。

「衣食住」は、人が生きるために欠かせない要素であり、その衣食住についてどのようなレベルを基本としているのかで、その人、その地域、その国、その文明の意識水準がわかります。

口だけは世界平和や環境保護、動物愛護などといった美しい言葉を叫んでいても、食も乱れ、住む場所も乱れ、着ているものまでも乱れていては、おそらく永遠に何ひとつそれらは実現しないことでしょう。

当たり前に食卓に並ぶもの、当たり前に普段みんなが身にまとっているもの。日常の生活に関わるすべてが、「自然派」などと特別視されることなく、自然であるのが当たり前となる社会となった時、世界の平和はおのずから実現し、気が付けば人々の格差などもなくなっており、必然的に調和のとれた文明社会が生まれてくると思います。

みんなが自分に還り、素材も自然に還る衣服が、今の文明に当たり前となるように。

25年以上も前から、うさぶろうさんはそんなビジョンをもって、タイの村人たちとともに衣服を通した持続可能な地球づくりを続けてこられました。

うさとがプロデュースすることで、タイの村人たちの伝統技術は守られ、雇用が創出され、地球に優しい資源も生かされ、そして日本をはじめ、世界中で商品を手にした人々が自分自身の本質に還れるというすばらしい循環……。
事業そのものが、人も地球も豊かにし、関わる誰もがハッピーとなるビジネスモデルを衣服の世界で実現できたのは、世界でも稀なケースだと思います。
幸いにも、世界全体における時代は衣食住について大きく見直す流れとなっており、「サスティナブル」というキーワードが、ファッション、アパレルの世界でも主流となりつつあります。

そんな中、「命が生きるうさとの服」は、これからの新（真）時代の必需品になると思っています。

物質的な衣服をまとうというところにとどまらず、エネルギーをまとうということの重要性。

目に見える価値観と目には見えない価値観の両方が必要となる時代、うさとの服は、業界にさらなる新しい風を吹かせていくに違いありません。

ただ、超人的なエネルギーでパワフルな活動を続けているうさぶろうさんではありますが、少しずつ次世代への引き継ぎなども見据えたイメージも持っておられるそうです。

そして、その1つのプロジェクトとして、タイだけではなく、お隣の国ラオスの子供たちにも布作りの伝統をしっかりと継承し、継続する産業として村人たちに根付かせていくという取り組みを目指しています。

タイよりも、もっと良い意味で「遅れている」ラオスは、世界でも貴重な伝統的布づくりの文化が残されたおそらく最後のエリア。ここが守られないと、もう産業レベルで自然な布づくりができる地域は、地球上どこにもなくなってしまうかもしれません。

タイのチェンマイを中心に、村人たちの布づくりの伝統を事業を通して守り、発展させてきたうさと、うさぶろうさんですが、次なる目標はそんなラオスに継続できる布づくりの社会を残すこと。

そのためにも、うさとという事業はまだまだ発展させていく必要があり、そういった意味ではまだ道半ばのところにあると言えます。

せっかく築き上げてきた、日本とタイの繋がり、継続できる地球へと繋がる理想的なサスティナブル事業を継続させたい、さらにもっと発展してほしい。

これはうさぶろうさんお一人ではなく、自分自身はもちろん、うさとに関わりうさと服を愛するすべての人たちの共通した希望。

うさとやうさぶろうさんの目指す世界観を共有し、未来の人々に引き継いでもらえるように。

その目標に向けての取り組みを、共有するミッションやプロジェクトとして、自分自身も本格的に取り組んで行こうと心に決めました。

今後、ラオスのことももっと詳細を明らかにして、いろいろな人々を巻き込みながら、魅力的なプロジェクトとして形にしていけたらと思っています。


自分たち「やつは」もまた、「衣食住の自給」を大きなテーマとして掲げる中での「衣」のプロジェクトとして、コットンの栽培から生地づくりをするだけでなく、ヘンプを中心に世界から生地を集めて日本で商品化しようという取り組みをスタートしています。

そしてもちろん、その先には日本にも再び、衣の自給を復活させていきたいと思っています。


その道のりにおいて、うさととの繋がりはとても重要なもの。

やつはでは出来ないことをうさとの力を借りて。
うさとでは出来ないことをやつはの力を貸して。

これからは繋がる時代。

それぞれができることで、出来ない人のサポートをしたり、コラボすることで、
1＋1＝2を超えた大きな相乗効果を生み出します。

「うさと×やつは」
「さとううさぶろう×滝沢泰平」

の新たなプロジェクトが始まります。

第5章
宇宙学校 アースリングコミュニティ

ה

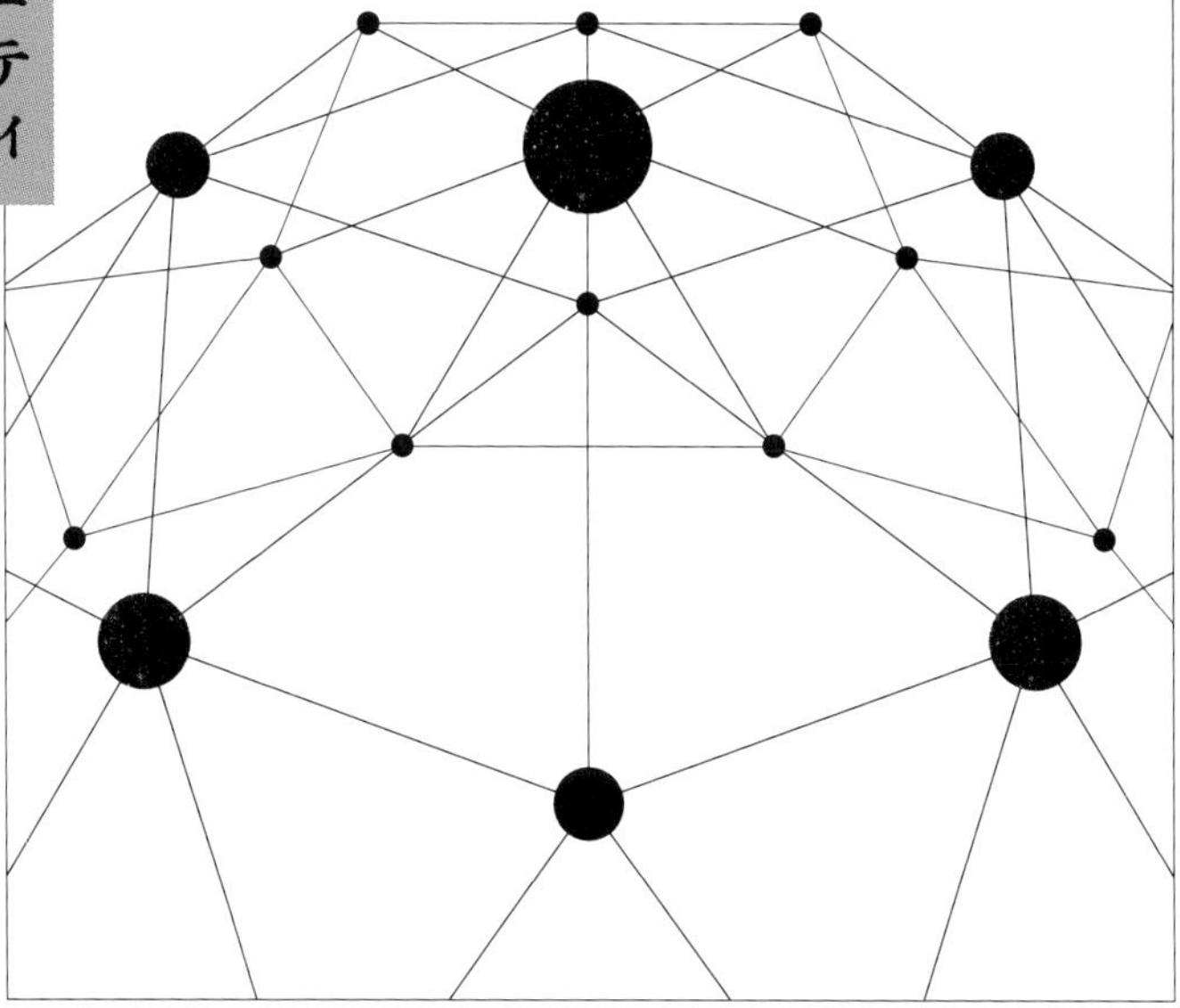

欧州最大のコミュニティ「ダマヌール」

たった一人で移住してきた八ヶ岳ですが、拠点を作って農業をベースに様々な活動をしていくうちに、周囲には自然とよく見知った顔の方々が増えていきました。

囲われた大きな敷地の中に集落を新たに作っていくのではなく、すでにある町の中に溶け込みながら同じ意識を持った仲間が点在し始め、緩い形のコミュニティが少しずつ形成されてきているのです。

その一方で、八ヶ岳に来たくても来られない方の方が数としては圧倒的に多く、同じエリアにまとまって暮らすことだけではなくもっと広い、言うならばコミュニティのネットワーク構築の必要性が出てきていることも感じています。

そして何よりも、受け皿ができて人が集まってくるようになると、いよいよコミュニティの理念や目的が必要となってきていることも感じるようになりました。もちろん自分のコミュニティに対する思いはありますが、それだけではなく何をもって皆が繋がっていくかということが、非常に大事なテーマとなってきたのです。

そういった意味でも、日本中、あるいは海外に存在する様々なコミュニティについて精力的に学び、そのうちのいくつかには実際に足を運び視察してきました。

中でもまずご紹介したいのは、世界有数のコミュニティのひとつであり、自分自身以前から強い関心を持っていた、イタリア北部のアルプス山脈の麓にある「ダマヌール」です。

「ダマヌール」とは「光の都市」という意味で、古代エジプトの地下神殿の名に因んで名付けられました。

ここに集う人々は特に精神性や目には見えない世界観を重要視しており、新月や満月、春分から冬至に至るまでといった、天体の動きに合わせて大事な儀式を独自に開催しています。また、ダマヌールの本部と呼ばれるエリアには、目的に応じて様々な神殿や儀式をする場が存在しています。

そんな神殿群の中でも、ダマヌールを世界的に有名にしたのが、山の上の崖を70ｍも掘って創られた9部屋にもおよぶ「人類の神殿」というもの。

芸術の国であるイタリアならではの、岸壁の地下に手作りで造ったとは思えない美しい神殿の数々であり、過去に「タイムトラベル現象」が起こったことでも知られています。

ダマヌールは、１９７５年にイタリア人の若者ファルコ・タラッサコさんが生み出し、２０１３年にファルコさんが亡くなってからも現在に至るまで長年続く、欧州を代表するコミュニティです。

ファルコさんは、幼少期からサイキック能力に長けており、空間から物を出したりして周囲を驚かせる不思議な少年でした。

そんなファルコさんが、世界中の聖地を繋ぐレイラインが交差する現在のダマヌールを拠点と定め、仲間たちと一緒に地下神殿を造り出し、そして皆が見守る前で地下神殿の中で姿を消してタイムトラベルをしたというのです。

それは偶然ではなく意図的に計画したタイムトラベルであり、時空間を超える世界には何も持っていけないので、服も全部脱いで全裸となり、また写真などで記録ができないので画家の仲間を一緒に連れて行ったそうです。

彼らがタイムトラベルした先は、2万2000年前のアトランティス時代黄金期と呼ばれた時代であり、そこで見たものを画家の方が現代に再び戻ってきた際に描き残した絵が、ダマヌールへ行くと見ることができます。

それは妄想やビジョンで見たものとは思えないほど、非常にリアリティのあるアトランティスの世界観であり、実際にタイムトラベルを目撃した人々の証言からも、彼らのタイムトラベルは信憑性の高い神秘的な出来事として知られています。

このように、創始者のファルコさんが極めてスピリチュアルな方であったため、その影響を受けてダマヌールに集う市民のほとんどは、スピリチュアルなことに高い関心を持っています。

彼らの生き方や考え方の中心には、やはりファルコさんが見てきたアトランティスの世界観が共通理念のようにあり、過去生においてアトランティス人であったという記憶を持ってダマヌールの活動に参加している人も少なくはないようです。

ダマヌールでは、コミュニティが提供する様々な学びのプログラムもあり、瞑想などを通して精神性を高めたり、中には宇宙人とコンタクトして宇宙人と1ヶ月間同化するセッションなども開催しています。

また、スピリチュアリティだけでなくテクノロジーやエコロジーにも力を入れており、植物の声を音に変える装置を独自で開発したり、コミュニティで太陽光発電会社を運営したり、自給自足の食料においては、40町歩という非常に広大なオーガニックファームも運営しています。

それぞれのコミュニティごとに研究テーマや取り組んでいるプログラムは異なっており、ダマヌール市民は自分が関心のあるコミュニティに所属して、表向きの姿とは別の姿、ある意味本当の姿で、仲間たちと一緒に自身の霊性を高めるような活動に日々励んでいるのであります。

地に足のついたスピリチュアルコミュニティ

「ダマヌール」はスピリチュアルコミュニティの「連合体」であると表現されるのですが、これはダマヌールがいくつもの小規模コミュニティが集まって形成された、ひとつのネットワークを指しているからです。

ダマヌールにとって、ひとつのコミュニティとはひとつの施設を意味しています。

設立当初から共同生活を大切にしているダマヌールでは、皆が同じ屋根の下に暮らすシェアハウスの仕組みが基本の暮らし方となっており、20世帯以上も入るような大きな建物の中でそれぞれが各部屋に分かれて暮らすというスタイルの共同生活をしています。
談話室があったり、大型ダイニングがあったり、業務用キッチンがあったりと、八ヶ岳のシェアハウスと非常に似た構造になっています。

こういった大小様々なコミュニティ型シェアハウスが、イタリア北部のトリノ郊外の町中に30箇所以上もあり、大きく4つのブロックエリアに分かれて、共同で農業をはじめとする様々なプロジェクトが運営されています。

ダマヌールで共同生活を送るメンバーは合計1000名ほどで、「ダマヌール市民」と呼ばれています。

しかし、ダマヌール市民と言っても、ダマヌールという町が実在するわけではありません。在籍している多くのメンバーは、イタリア国籍を持ったイタリア国民でもあります。

そのため、当然ながらイタリアに税金を納めており、一方でまた、ダマヌール市民としてダマヌールにもお金を納めています。

「そのお金はどこで得るの？」

そんな疑問が出てくるかもしれませんが、実はダマヌール市民のほとんどは、普段は町中に働きに出ているサラリーマンやＯＬであり、ただ生活している場所がダマヌールのコミュニティ施設であるだけなのです。

朝ごはんを皆で食べ終えたら、次から次へとそれぞれの職場に向けて出勤していき、日中のシェアハウスは閑散としています。

公務員として働いている人もいれば、オフィスワークをしている人、工場で働いている人もいます。ただ、それぞれ仕事を終えて戻ってくるのが、個人の家ではなくダマヌールコミュニティであり、そこでまた夕食を皆で食べて一日を終えるのです。

その様子だけを見ていると、コミュニティというよりも、どこにでもあるようなシェアハウスと変わらないように思えますが、これはあくまでもダマヌール市民が自分の生活費を自分で稼ぐための表向きの姿。ダマヌール市民は、一般社会ともきちんと関りを持ちながら、コミュニティメンバー同士での様々な活動に取り組んでいます。

ダマヌール市民が支払っているダマヌールでの活動に必要な費用には、ダマヌール全体の運営に関わるものからプロジェクトに必要な費用、コミュニティでの滞在費などがすべて含まれており、日本円にして毎月10数万円ほどなのだそうです。

家賃や水道光熱費、食費等、生活に必要な費用を考えると、イタリアの経済状況からも高くも安くもないといったところではありますが、ダマヌールはコミュニティとはいえ、一般社会との二足の草鞋でなければ継続して参加することは難しいと言えます。

しかしその分、現在いるダマヌール市民の多くは、経済的にも自立して、依存することなく平等な立場でお互い助け合っているように感じられます。

「コミュニティ」というと、一つの大きな敷地内に住まいが立ち並び、食糧生産からエネルギー自給、教育に至るまで外部との接触のない閉鎖的な世界の中で運営がされているようなイメージがあるかもしれません。

しかし実際には様々なケースがあり、ダマヌールの場合はごく普通の自然豊かな田舎町に小さなコミュニティシェアハウスが点在しており、一般社会との融合のバランスがとてもよく出来ているように思えました。

ダマヌールの拠点である本部エリアには、ダマヌールが運営する医療クリニックやスーパーマーケットもあり、そこはダマヌール市民に限らず近隣の住民や観光客も自由に出入りすることができます。

コミュニティの各施設は、太陽光パネルや太陽光温熱器を上手く使ってエネルギー自給に取り組んでおり、水も山からの湧水を引き込んで活用しています。また、それぞれのブロックエリアによって、コミュニティの共同農場や牧場もあり、ダマヌール市民の子供たちが通う学校も充実しています。

さらに、地域通貨を発行したり、ダマヌール憲法を制定するなどもして、コミュニティとしての仕組みは、もはや小さな国家レベルの体制を構築していると言っても過言ではありません。

２０１３年に創始者であるファルコさんが亡くなって以来、ダマヌールも次のステージへと進むための岐路に立たされているようですが、今は日本を含む様々な地域との積極的な交流を持ち始めています。

スピリチュアルなこと、テクノロジーや環境のことなどを、すべてプロジェクトにして市民が共に研究し取り組む仕組みや、メンバーの多くがイタリアの一般社会で地に足をつけて働きながらダマヌール市民として活動するスタイルなど、ダマヌールは、現在の日本社会でのコミュニティづくりにおいても、すぐにでも取り入れられる要素が多々あるコミュニティスタイルだと思います。

イスラエルの農村コミュニティ「キブツ」

コミュニティを語る上で、無視できない国がイスラエルです。

こんなことを言うと意外に思われるかもしれませんが、実はイスラエルという国は、世界一コミュニティ文化が進んでいると言っても過言ではないかもしれないのです。

イスラエルには「キブツ（Kibbutz）」と呼ばれる農村コミュニティが、イスラエル全土に点在しています。

その数はなんと270箇所以上。100名以下の小さなキブツから、大きいものでは1つがイタリアのダマヌールに匹敵するほどの1000名以上にもなる大規模なキブツまで様々です。

ただ、ダマヌールが同じ敷地内というよりも同じ施設内を1つのコミュニティ単位とするのに対して、キブツは同じ敷地内が1つのコミュニティの単位となります。国土の60％以上が過酷な砂漠環境に置かれているイスラエル。その砂漠を緑地化させて農園を作り、その中に町づくりをしていくのがキブツのスタイルなのです。

大きなキブツだと、コミュニティの中に病院や学校などの公共施設はもちろん映画館などの娯楽施設まである「町」であり、外の世界に出ずとも生活に苦労することなく、十分に人生を楽しめる環境が整っています。

キブツの活動の中心となる農業は、非常に特殊なものです。遠くの湖から水を引いたり、深い井戸を掘ることで貴重な水資源を手に入れ、広大な砂漠に種を蒔き苗を植えて、世界最先端を誇るテクノロジーを駆使したスプリンクラー技術等で、それぞれの作物にあった量の水分を与えて育てていくという生産方法が採られています。

この生産方法において、特殊なのは水分の与え方であり、「点滴灌漑《てんてきかんがい》農法」と呼ばれる点滴ドリッパー技術であります。それこそコーヒーのドリップのように樹木や作物周辺に張り巡らされたホースから、ポタポタと少量の水が地中にゆっくりと染みこむようになっているのです。

地面に水を流すのではすぐに蒸発して乾燥してしまうため、一滴一滴を大切に丁寧に地中の種や根に与えていきます。しかも、それぞれの植物の特性に合わせて調整し良く育つギリギリの量の水を与えていくため、植物は少ない水分をしっかりと蓄えて育つことになり、その結果、栄養もうまみもギュッと濃く詰まったみずみずしく美味しい野菜や果物が生産されるのです。

キブツはこのような技術開発を地道に積み重ねることで、年間降雨量が50㎜以下の過酷な砂漠であっても農業を可能としてきました。

現在人口800万人程度のイスラエルですが、農業生産効率は日本の約50倍もあり、自給率は90％を超えて、日本を含む海外にまで農産物を輸出するほどになっています。

イスラエルの人々は、砂漠を緑地化させる技術の開発と実用に加えて、水のない国だからこそ、水の有効的な活用方法を世界一研究している民族でもあります。

イスラエル全土の生活排水のうち85％以上が再利用されており、砂漠のキブツでさえも、生活排水をすべてため池に集め、それを農業用水として再利用しているのです。

様々なことにおいて絶えず厳しい環境下に置かれているイスラエル。

水だけにかぎらず、環境を汚染するとすべてしっぺ返しで自分たちに返ってくるので、常に循環を意識して行動しなければ生きていくことができません。

ユダヤ人の循環自給力の歴史は極めて古いものであり、２０００年以上前の古代遺跡からも、古代ユダヤ人が砂漠の中で完全な自給自足システムを構築していたことが分かっています。

しかし、キブツが本格的に誕生したのは20世紀に入ってから。世界に散ったユダヤ人たちがイスラエルの地に帰還するシオニズム運動の流れからでした。

西暦72年に国が滅び祖国を失ったユダヤの人々は、１９４８年にイスラエルが再び建国されるまでの１８００年以上もの間、世界を彷徨う流浪の民として過ごしました。

そして、その建国の40年近く前の１９０９年、建国の礎ともなる存在としてガリラヤ湖畔に最初のキブツができたのです。

生まれながらにして自らの国を持つことができなかった当時のユダヤ人たちにとってのコミュニティとは、国が当たり前にある社会で作っていこうとするそれとはまったく違います。それは、小さな村造りでありながら、大いなる勇気と覚悟を要する、まさに国造りのようなものであったと思います。

都会生活に疲れたから自然に囲まれた田舎で暮らしたい。

そんなある意味軽はずみな次元での考え方ではなく、延々と続く不毛の砂漠の地、しかも自国とは認められていない土地を開拓するということは、まさに命がけの行為です。しかも彼らは、数千年前と変わることのないユダヤ民族としての価値観をもってキブツを立ち上げていったのです。

水を引き、農園を作り、その中に生活に必要な環境を整備していきます。住居から幼稚園や学校、病院などの公共施設、老人ホームからキブツが経営する工場、会社などを着々と作る。そのようにして、今では広大な砂漠の中に270箇所以上ものキブツが存在するようになりました。

理想的な循環社会と助け合いの生き方

キブツはダマヌールのように共同生活を推奨しているわけではなく、しっかり個人のプライベート環境が守られた生活を送ることができます。
居住するエリアは同じオアシスに囲まれた敷地内ですが、実際に生活するのはアパートやマンションのような施設、あるいは一戸建ての建物になります。

そして、最も大きなダマヌールとの違いは、お金の仕組み。

ダマヌールでは月に10数万円の運営費を個々がコミュニティに収めるルールになっていますが、キブツはキブツ内労働の仕組みが整っているので、逆に労働した分の報酬がしっかりともらえるような仕組みになっています。
それだけではなく、キブツ内の住居や三度の食事、教育や医療なども含めて、生活にかかる費用はまったくと言っていいほどかかりません。

また、働き方にもある程度の自由があり、キブツ内で働く人もいれば、ダマヌールのように出勤という形でオアシスを飛び出して街へ、都市へ、仕事をしに出かけてまた帰って来るキブツメンバーもいます。

ただし、今では一概にすべてとは言えないものの、キブツは完全な共同体であるため、外で稼いできた個人の収入は、そのままキブツに寄付することになります。イスラエルの国会議員なども多くがキブツに所属しており、外で高い給料をもらってくるわけですが、それらはキブツ全体の収入となります。

それどころか、キブツの外ではどんなに偉い立場にいる人であっても、キブツの中では誰もが平等であり、キブツ内で与えられた業務はきちんとこなさなければなりません。例え首相であろうと大臣であろうと、キブツに入ったらキブツのルールに従う必要があるのです。

このように、キブツにはキブツの独自の法律のような規則があり、イスラエルの軍や警察も介入できないようになっていて、しっかりと自治が守られています。

また、今は国民の3％にも満たないキブツメンバーですが、国ができる以前から存在してきた共同体であるため、その影響力は非常に大きなものとなっています。

イスラエルは国をあげてキブツを支援しており、イスラエルの農業生産の8割以上をキブツなどのコミュニティ組織が担っています。

ここまでの話からすると、相当な覚悟がなければ参加できないように思われるキブツですが、決してそんなことはありません。それぞれのキブツの議会の承認さえ得られれば、まずは「お試し入村」のようなかたちで半年ほど一緒に生活と仕事をすることから始めることができます。

無事に入村できると寝泊りする部屋を与えられ、何時になったら食堂に集合するかなどといった決まりを教えられ、それと同時に仕事の任務も与えられます。

また、キブツはユダヤ人だけではなく、外国人であっても関係なく受け入れます。

日本であれば、家も仕事もない人は路頭に迷うしかありませんが、イスラエルならキブツに入ることができます。居場所がなく放浪していた人々がイスラエルだけではなく世界各国から最終的にキブツにたどり着き、そこで何年、何十年も生活を送るということも少なくはないようです。

キブツは自由主義を大切にしているので、入るのも自由ですが、出るのも自由。中には、キブツを転々と渡り歩いて生きている人もいます。

キブツでの仕事は、男性なら農作業や漁業などの肉体労働が多いようです。農業であれば「今日から3ヶ月間バナナ畑だ」と言われたら、ひたすらバナナ畑の作業に取り組み、また時期が来たら別の業務に異動したり、仕事がミスマッチであれば、別の仕事場へ変えてもらうこともできるようです。

とはいえ、日本ほど労働時間に制約があるわけではなく、特に砂漠の灼熱の気候なので、朝早くから仕事を始めて午前中には業務を終え、午後は比較的ゆっくり過ごすというのがキブツ内での標準的な労働パターンのようです。

ただ、キブツ内の仕事は農作業を中心とした単純作業の連続や肉体労働が多いため、そういった仕事にやりがいを感じづらいという人には厳しい環境といえるかもしれません。

逆に、外の世界に出ていくよりも、安心安全な共同体の中で仲間と穏やかに生きていく方が居心地が良いと感じる人にとっては、キブツでの生活はまさにオアシスそのものでありましょう。それに、イスラエルという国が敵に囲まれ閉鎖的に発展してきたこれまでの流れの中では都合の良い暮らし方だったのだと思います。

では、キブツの社会において女性はどのように暮らしているかというと、家事と育児の両方から解放された、非常に生きやすい環境となっています。

食事は三食ともに食事担当者がいて、食堂に行けば作らなくても誰もがお腹いっぱいご飯を食べることができます。

洗濯にも担当者がいて、朝玄関前に洗濯物を袋に入れて置いておけば、夕方までには洗濯して畳まれて玄関前に戻してもらえます。

育児についても昔からキブツは独自の取り組みをしており、

「1人の母親が1人の子供の面倒を見るのは非効率」

という概念から、子供は子供棟で早い段階から集団生活をし、親ではなく育児専門スタッフが子供たちの面倒を見るというかたちをとってきました。

授乳の時や夕食をとる時には一緒に家族で過ごすものの、母親の誰もが必ず

24時間365日育児をしなければならないということはなく、育児もやりたい人、得意な人が分担して助け合ってやっていくというスタンスなのです。

この取り組みには賛否両論あるようですが、イスラエルのトップ政治家や軍人幹部の多くが、人口の3％にも満たないキブツ出身者であることを見ると、キブツの持つ教育には何かしら子供の才能を開花させる秘訣があるのかもしれません。

また、ユダヤ人は世界人口のわずか0.2％しかいないにもかかわらず、ノーベル賞受賞者の20％以上を占めており、アインシュタインをはじめ、非常に多くの歴史に名を残す学者、発明家、哲学者、芸術家、実業家等を輩出しています。

このような際立った成果のベースには、ユダヤ式の教育があると言われており、そのユダヤ特有の子供教育はキブツにも多く取り入れられています。

キブツでは子供たちに、常に大切にすべきこととして

1. 愛
2. 自立
3. 責任

の3つを教え、将来キブツに戻って来なくとも、イスラエルという国に大きな影響を与える人材を次々に育て上げています。

このようにして、共産主義や社会主義とも違い、自由と平等のバランスを非常に大事にしてきたキブツは、長年にわたり理想的な循環コミュニティを構築してきました。

しかし、イスラエルも徐々に国際化が進み、やがて資本主義経済が入ってき

てからは、これまでのキブツとは様相が変わってきているようです。

建国から70年以上を経たエルサレムやテルアビブなどは国際大都市として発展し、高層ビルやマンションなどが立ち並ぶようになり、もはやキブツの「キ」の字もないような世界になっています。

その一方で地方の砂漠エリアに行けば、まだまだ伝統的なキブツの形が残っており、イスラエルという国の中において二極化がはっきりと始まっているのです。

また、一見すると昔と変わりのないキブツであっても、100年以上の歴史を持つようになり、自分たちの居場所を求めて命がけで国造りを進めてきた創業メンバーはもはや誰も残っていません。その子供、その孫へとキブツの代も受け継がれているのですが、世代が変わるごとにキブツのあり方もどんどん変化していっています。

砂漠の何もない世界で一からオアシスを作った初期には楽園のような共同体であったキブツも、イスラエルが独立し、資本主義も入ってきて国が発展し都市化してくると、砂漠の楽園から一転、多くの人々の目には砂漠の退屈な田舎町のように映ってしまうようになりました。

特に最初から出来上がったキブツの世界で育った若者たちにとっては、キブツは楽園どころか、周囲に取り残されたかっこ悪い田舎というイメージとなり、発展したすばらしい文明社会に見える外の世界に憧れて、学校を出たらキブツには残らず、外の世界で自由に生きるという若者が増えています。

今のイスラエルのキブツは一昔前の日本と同じで、田舎から都会への若い人たちの流出に歯止めがきかず、確実に過疎化が進んでいます。

ただ、これも逆に、都市への人口の流出が飽和状態となって、文明生活に飽きてきた今の日本の若者にとっては、もしかするとおじいちゃんやおばあちゃんから聞いたような懐かしい田舎集落の雰囲気のあるキブツのような世界は、心のよりどころとなる可能性もあるのかもしれません。

農業を中心とした理想的な循環社会と卓越した子供教育。そして、役割分担による助け合いの生き方。

イスラエルのコミュニティ、キブツから学ぶことは多々あり、訪れる度に新たな発見や気づきがたくさんあります。

自治体というコミュニティを育てる

宇宙から見れば、地球は1つのコミュニティ。

地球を見れば、今は196カ国のコミュニティ連合体。

日本という国も1つのコミュニティということになりますが、日本もより細かく見れば47都道府県のコミュニティ連合体。

さらにもっと細かく見ると、全国1741箇所の市区町村自治体というコミュニティに分かれていると言えます。

自分たちがこの日本で近い将来、理想的なコミュニティを作っていくことを考えていく時、ダマヌールのような仕組みであれば、シェアハウスを上手に活用すること等で民間規模でも少しずつ実現していけるかもしれません。

しかし、民間で作れる規模には現状どうしても限界があり、もし日本の中でキブツほどの規模のコミュニティを目指すとすれば、今現在存在しているコミュニティである市区町村の自治体を育てていくというのが、案外近道になるのではないかと思われます。

すでに始まっているとも言われている超少子高齢化の時代、人口が激減していく日本において、各地方自治体は人口の流出を必死に防ぐとともに、外部からの移住者を集めることにも一生懸命になっています。

それこそ、日本のすべての地方自治体の最重要課題として、どの世代にとっても暮らしやすく、誰もが移住したくなるような魅力的な町になりたい、ならなければならないと考えているのです。

そんな流れの中で、もしもキブツのような町へと変貌を遂げる自治体が現れたら、きっと大反響となって移住者が殺到するに違いありません。

その自治体に暮らせば、生活保障がされるだけでなく、安心安全な衣食住、エネルギーや医療、充実した福祉や教育を享受することができます。

耕作放棄地はすべて自治体が管理して自然農を推奨するだけでなく、出来上がった農産物はすべて自治体が買い上げることで農家の雇用も保障。地産地消によって自治体の小中学校の給食にはすべて自然栽培の地元食材を使い、余った農産物は市場などで地元住民に格安で還元提供します。

水は山からの湧水を引き込み、塩素は入れずに水道の蛇口をひねれば天然水が出てくるようにして、水道料金もすべて無料。

負の遺産として、田舎の山々や森の中に広がってしまったメガソーラー発電も自治体がすべて買い上げて管理し、そこから得た電力を市民に還元していきます。もちろん、将来的なことも考えて自然エネルギー自給に取り組み、電気代金も無料または格安とします。

山や森の管理も自治体が主導して、間伐を施して山を守りながら、間伐材を活用してバイオマス発電やエネルギーに再利用し、特区としての大麻栽培免許も自治体が取得して、大麻産業を主幹の事業として日本全国、世界にまで輸出できるようにしたいものです。

幼稚園や保育園、学校関係の教育費はすべて無料にするだけでなく、今後さらに増加するであろう一般の学校に通えない子供たちのためにも独自のフリースクールのような受け皿を自治体が構築していきます。

そこでは、通常の学校教育とたとえば自然農とを組み合わせ、小中学生でも学校に行かない代わりに農作業の業務に携わる体験をする。

自然の中で土に触れながら命の循環を学び、一方でまた農作業を通して働くこと、生きることの術を身に付け、早くから自立する力を養う。

その他、将来ＩＴ社会がますます進展していくことを見据え、小中学校では教えてもらえない高度なＩＴ技術を専門家を招いて学び、世界最先端のＩＴ能力も身につける。

ダマヌールのような共同シェアハウスも自治体が準備していき、農園カフェのような食事ができる場所も各地に作り、自然栽培農園で採れた食材を料理が好きな担当者が調理し、近隣の母子家庭や病気、障がいを持った方々にこそ優先的に、安心安全で栄養価の高い食事を届けられるような環境を整える。

キブツの考えにある育児等の効率化をさらに発展させ、それぞれの世帯ごとにバラバラで、あるいは一人でご飯を食べるよりも、集団で食事を取るようにする。効率が良いことはもちろん、子供は子供同士、母親は母親同士でのコミュニケーションも盛んになり、時には小さい子供とお年寄りなど、世代も超えてお互いにとって刺激的な交流の場にもなる。

これまで個々人の問題として捉えられ、あまり公の場では語られてこなかった、正しい性教育も含めた男女のパートナーシップ、新しい時代の結婚のあり方といったことに対する学びと構築に、地域として積極的に取り組んでいく。

また、出産から家庭での育児や老人介護、病院もまた自然医療も取り入れた統合医療クリニックを増やして総合的な支援を行い、まさに「ゆりかごから墓場まで」、この自治体に入りさえすれば、どこに行かなくても生涯にわたって安心安全な生活が送れる。

自治体に所属する皆が仲間であり家族のような関係で、それぞれが得意分野に特化した役割を分担し、そこに資本主義社会にみられるような報酬の多寡や貴賤を設けることなくお互いに感謝しあう……。

このような、自分ができることで人や社会の役に立ち、自然も人の交流もすべてが循環の中にあるような自治体があったなら、きっと日本全国どころか、世界中から人が殺到してくることでしょう。

今の資本主義社会の様々なしがらみを考えると、まるで夢物語のように聞こえるかもしれません。

しかし、そんなこれまでの歪んだ社会構造の結果として過疎化が進み存続が危ぶまれているような人口の少ない村などは、トップである村長主導で動いていけば、実は完全自給自足する地域コミュニティへと変貌するチャンスに満ち溢れています。

実際、先に挙げた項目が部分的にでも採用されている自治体も出てきており、遠くない将来、そういった村や町、市や区が日本の中にも出てくるかもしれません。

ギブアンドギブの時代

ただ、だからといってその動きを待つばかりではなく、まずは自分たち自身が民間の中でできる範囲のことをできるかぎり進め、少しずつ環境を整備していくことが大切であります。

そのためにまず必要になるのは、同じ意識を持った人と人のネットワーク。

自分は縁あって八ヶ岳エリアで活動していますが、全国どの場所にも無限の可能性が満ち溢れており、それぞれの地域に合った形のコミュニティがこれから誕生してくることでしょう。

ダマヌールのように集団生活から始める人々もいるかもしれませんし、キブツのように自治体を動かしていく人々もいるかもしれません。

いずれにしても1人では何もできないので、まずは同じ考えを持った人々が、ダマヌールのプロジェクトのように集い、自分たちの地域、自分たちが興味を持っていることを形にしていくことが大切だと思います。

幸いなことに現在はＩＴ化が強烈な勢いで進んでおり、そのメリットを生かし、ＩＴをフル活用すれば、同じ意識を持った人々の集うコミュニティネットワークを構築するという最初の一歩を、比較的容易に踏み出すことができます。

具体的には、今は誰もがスマートフォンやタブレット、パソコンなどのＩＴツールを持っている時代なので、ゲーム感覚で使えるコミュニティアプリを開発します。

参加したい人は、そのアプリに登録すれば簡単にコミュニティメンバーとなることができ、そこに自分自身の地域や興味のあること、自分が実現したい夢やビジョン、さらには自分が提供できること、つまり「Ｇｉｖｅ」を登録しておきます。

なぜ「Ｇｉｖｅ」なのか？

それは、これからはシェアやギブアンドギブの時代だからです。

ドームハウスの構造と同じように、１人（１枚）の力は微力でも、大勢が手を繋ぎ協力し合うと、単なる足し算を超えた何乗もの強力なエネルギーとなります。

そしてそれは、様々な不可能を可能にする力を持っていると思います。

例えば、土地１つにしても、１人で持っているだけでは有効利用できなくとも、１００人、１０００人、３０００人が力を合わせれば、すばらしい楽園が作れるかもしれません。

これから先の日本では、相続などを中心に土地や建物が否が応にも有り余ってきます。

場合によっては、使い切ることができないということで、お金が余って困るという人も出てくるかもしれません。

土地を提供できる人は土地
お金を提供できる人はお金
労働力を提供できる人は労働
知恵を提供できる人は知恵

物質的なものでもサービスでもなんでも良いので、自分ができること、自分がやりたいことの一品持ち寄り「Ｇｉｖｅ」が、積もりに積もって、きっと思った以上の世界を創造できると思っています。

分離の時代があまりにも長く続き、「私のもの」が増えることを幸福の指標とする、ギブアンドギブとは程遠い価値観が根付いてしまっていますが、実は人間は、奪いあったり囲い込んだりするよりも、与え合う方が遥かに幸せで豊かになれるものです。

Aさんが、広大な土地を手に入れた。

しかし、自分ではどう使えば良いのかイメージが湧かない。

そこにBさんが来て、こんな使い方をしたらどうだろうと提案。

でも、AさんもBさんも、それを実現する資金はない。

すると、その提案を聞きつけたCさんが、
それはいい！自分がお金を出すから実行してみよう！となる。

Aさんは土地、Bさんはアイデア、Cさんはお金。

Cさんはお金はたくさん持っているのだけれど、何に使えば良いのかわからず悶々としていたかもしれないし、Bさんは良いアイデアが持っていても、単なる妄想で終わってしまって、現実はつまらない日常を過ごしていたかもしれません。

でも、3人が与え合うこと、すなわちそれぞれの叡智を組み合わせることで、3人どころか、大勢の人々が楽しめる創造物を生み出せる可能性が出てくるのです。

実際、この話は決して夢物語ではなく、全国各地の土地を中心に、数万坪の農場や牧場、実家の空き家、休眠状態となっている会社であったりと、すでに活用に困っている方々から自分のもとへ、たくさんの相談が来ています。

コミュニティを作るために必要な資源や材料は実は準備万端、すでに有り余るほど世に溢れており、あとは人と人が繋がり、プロジェクトとして形にしていくだけなのかもしれません。

しかし、最も重要なのは繋がる人同士の意識であります。意識が違う人が同じプロジェクトに関わってしまうと形になるものもなりません。

たとえば農地が余っていたとしても、効率化と金儲けさえできればそれでよく、農薬や化学肥料なども使った方がよいという人と、循環社会を目指して自然栽培を希望している人ではどうにも混じりようがありません。

大切なのは同じ意識や目的を持った人々が繋がり、集うこと。

そのために、同じ意識で繋がるためのコミュニティネットワークの共通理念や目的が必要となります。

未来の地球マニュアルをつくる

ドームハウスの生みの親であるバックミンスター・フラー博士は、20世紀のレオナルド・ダヴィンチと称されるほどの天才。

一方でまた、かの有名な「宇宙船地球号」という言葉を世に広めた第一人者でもあります。

地球という惑星は、見方を変えれば宇宙船。

閉鎖空間となっていて、外から入ってくるのは太陽からのエネルギーと隕石くらいであり、逆に外に向かって何かを放出することもほぼできません。

そんな宇宙に浮かぶ船のような存在である地球は、すべての構成物が秩序をもって自然の中で循環する美しい惑星として存在しており、自分たち人間もその乗組員であるといえるでしょう。

そして、そんな中で唯一自由意思をもって動けるのが人間であり、ある意味その行動がそのまま宇宙船の操縦、運営につながります。ただ、この宇宙船には確たる「操縦マニュアル」がないこともあり、今の今まで、地球人は自分たちの刹那的な欲望を満たすために、循環を無視した運営を続けてきてしまいました。

掃除することなく汚しっぱなしにしたことで、大気や海、大地はどんどん汚れ、仲間である多くの動植物が絶滅し、新たに生み出すことなく資源を使い続けた結果、多くの大切な資源が枯渇の一途をたどっています。

もはや限界、宇宙船崩壊の危機が差し迫っており、早急に軌道修正しあらゆる面において循環できる仕組みを整えて運営、操縦していかなければ、地球人が住むことのできない宇宙船になってしまうのも時間の問題となっているのです。

「アースリングコミュニティ」

「アースリング」とは「宇宙人」に対する概念として、「地球に住む者たち」を指して使われるようになった比較的新しい言葉、平たく言えば「地球人」であります。

令和という新しい時代の幕開けとともに、自分たちは「アースリングコミュニティ」として、コミュニティネットワークの活動を本格的にスタートさせました。

そして、その共通理念、目的は

「宇宙船地球号」の「操縦マニュアル」を創ること。

この惑星は閉鎖空間である宇宙船であり、自分たちはその宇宙船を操縦する地球人であることを認識したうえで、これから世界に発信できる「地球（操縦）マニュアル」を作っていこうと思います。

こんな話があります。

3300年前、モーセがシナイ山で神から授かった10個の約束「十戒」もまた、基本的な部分は「砂漠を緑地化する」などの地球マニュアルに関することであったとか……。

それが人間主体の勝手な規律へと書き換えられていき、その規律も増えに増えすぎ、

「これではいかん！」

と反旗を翻したのが、２０００年前のイエスというユダヤ人だったとか。

ところが彼は磔となり、彼が伝えた地球マニュアルとは全く違う、弟子たちによって書かれた「神の子の奇跡の物語」が「聖書」と呼ばれるように。

そして２０００年。「聖書」は世界一のベストセラーとなり、その教えは歪められたままに広がって世界人口の３分の１が信じる大宗教へと発展しているのです。

もしも3300年前、あるいは2000年前に、地球マニュアルが正しく伝わり、今の地球人の3分の1がそのマニュアルを理解し実践していたら、地球は美しき緑の星になっていたことでしょう。

とはいえ、過去を振り返っても仕方なく、マニュアルなしに試行錯誤して知恵を振り絞って文明を進めていくこともまた、人類の進化にとって必要なプロセスだったに違いありません。

しかし、さすがに令和のここからは、地球を運営していく上での基準となるものが必要であり、気づいた人々、つまり自分たちから意識を合わせて後世のアースリング、地球人のために地球マニュアルを残していきたいと思うのです。

「富」とは何か?

貨幣経済の今、多くの地球人は「お金をたくさん持つこと」と答えるかもしれません。
しかし、半世紀以上も前にフラー博士はこのように答えました。

「未来の日数」

それは「富とは、人間のために具体的に準備できた未来の日数」という概念であり、本当の富とは、この地球に未来の地球人がこの先も滞在することができる時間を残すことであるというのです。

閉鎖空間であるこの世界を壊せば壊すほど、未来の日数はどんどん短くなり、今だけ自分だけの考え方で有限の資源を無駄に使えば使うほど、同じく未来の日数はどんどん短くなる。

「今現在、地球の未来の日数は？」

この問いに正しく答えられる人は多くはいないと思いますが、５００年、１０００年もあるとは誰も思わないはずです。

現在77億人の地球人は２０５０年には１００億人へ。

30年後の地球人にどれだけ未来の日数を残せるか、３００年後の未来の地球人には？

できるなら、２０００年後の地球人に

「２０００年前に地球マニュアルを作っておいてもらえたおかげで、今があって良かった」

そんなふうに思ってもらえるような、本当のことが記された「聖書＝約束の本（マニュアル）」を、今度こそは残していきたいものです。

「アースリングコミュニティ」が始まる

ただし、言葉だけでは時に受け取り方を間違えてしまいかねないので、マニュアルは言葉だけではなく形にも残しながら。

というのも、地球をしっかりと運営していくためには、地球という惑星を宇宙からの視点、全体的な視点で包括的に理解することが必要不可欠なのです。

現在の自分たちの文明は、専門化、細分化することで学びを深めていく、いわば「地球学」とも言えるものであります。全体を知らないうちに職業も専門化、学校も専門化してしまう平面意識の世界の学びとも言えるでしょう。

しかし、本来の「宇宙学」は総合的に全体を知り、そのうえで行動を細分化していくことが重要です。

これからは「宇宙学」に立脚した、立体意識の時代。

そして、それを共に学ぶのが「宇宙学校」。

たとえば、太陽の子である惑星地球は、恒星である太陽からエネルギー供給を受けて生きており、大気や海がエネルギーを上手に屈折してマントルへ吸収することから、地表も蒸発することなく必要なエネルギーのみを得ることができています。

そのすばらしい環境下で植物が育ち、動物も育ち、すべての生命が循環の中に居て、やがて役割を終えた生命の結晶は地下で長い年月をかけて保管され、地下資源と呼ばれる「貯金」となります。

「宇宙学」の観点からすると、この貯金は実は地表の地球人のためのものではなく、遠い将来地球そのものが恒星となり、やがて他の惑星を育むために必要なエネルギー源です。

これを無尽蔵に今だけ人間だけの考えで地球人が浪費するのは、自分たちの首を絞める行為であるというだけではなく、実は地球という生命体の進化さえも阻む行為なのです。

このような立体的、総合的な学びをともにし、年齢や性別、国籍や肩書といった一切の違いを超えたアースリングとして繋がり、地球マニュアルづくりを一緒に実践できる「アースリングコミュニティ」を日本や世界に……。

もちろん、いまのタイミングで地球上の77億人、すべての人が気づくことは難しいでしょう。

でもきっと大人数は必要なく、たとえば３０００人でも意識の合う人々が繋がり、集い、学びあい、行動すれば世界を変えるきっかけとなり、ガラリと世界は変わるはず。

これから本格的に始まる大転換期。

地球全体がこれまでとは違ったタイムラインへとシフトしており、それは過去の流れと比較しても、今はまだまったくわからないほどわずかな角度の違いですが、その開きは先になればなるほど大きな開きとなっていきます。

そして１００年後、１０００年後ともなれば、これまでのタイムラインの先にあった世界とはまったく違う文明社会へと変容していることでしょう。

何事も大きな変化へ向かう初期段階は、なかなか目に見える形での変化はわかりづらいものです。良い変化の兆しは見えず、好転反応や膿み出しのデトックス反応として、不安が増すような様々な混乱が一時的には起こってくるかもしれません。

そして、この言うなればあるべき姿にすべてが戻っていく変化の流れに、逆らうことはできないもの。

でも大丈夫、あなたは一人ではありません。

この変化は起こるべくして起こるものであり、同じ意識を持った人たちと繋がる時代がようやく始まるのです。

この激動の時代を体験できている今を最高に楽しみ、ともに次なる世界の創造に向けて協力しあっていけたらと思っています。

さあ、いよいよ「アースリングコミュニティ」が始まります。

おわりに

本書の執筆にとりかかったのは、２０１９年秋の頃でした。何ごともなければ、２０２０年の春過ぎには出版されている予定であったことでしょう。

ところが２０２０年、何ごとどころか世界的に大ごとともいえるコロナ禍が発生してしまいました。「発生しました」という過去形ではなく、今もなお現在進行形で続いている渦中であると思います。

執筆を始めてから約一年、執筆当時とようやく発刊にこぎつけようとしている現在では、世の中はまったく別の世界に変わってしまいました。

ハンカチを持ち歩く以上に、誰もがマスクを持ち歩き、身に付け、対面していても目しか見えない異様な光景が世界中の常識となっています。

そう、コロナ禍が始まってからたった半年も経たないうちに、それが常識となっているのです。

明治維新では、チョンマゲ姿で着物を着て刀を持っていた日常から、ザンギリ頭で洋服を着て刀を持たない日常へと、世の中が大きく変わっていきました。

昨年までの日常が今年には非日常に、昨日までの常識が今日には非常識に。

人間の作った社会は、時代の流れとともに常に移り変わっていきます。

でも、どの時代においても、宇宙の法則、真実というものは普遍的なもの。

外の世界がどんなに変わっても、自分自身が伝えたいことは、ビフォーコロナもアフターコロナも変わりません。

同じく、これからやっていく活動もまた変わりません。

発刊時期は変わりましたが、それにともなって原稿の内容を追加することも変更することもほとんどしませんでした。

むしろ、いま読んでいただくために書かれたかのような内容に、自分でも驚いている次第です。

知らないことを知ることは大切です。

でも、知ることから行動に移すことはもっと重要です。

世界は大きな転換期の本番を迎えました。

ご自身も社会も、ここからは実践することで変わっていくことでしょう。

そして、一人ひとりは微力でも、人と繋がり、協力し合うことで大きな力を発揮することができます。

誰もが必要不可欠なパズルのワンピース。

そのワンピース一つひとつが光り輝き、世界全体が輝く社会となることを心より祈っています。

令和2年9月22日

滝沢 泰平

プロフィール

滝沢 泰平（たきさわ　たいへい）

1982年宮城県仙台市生まれ。「半農半X」を個人と企業へ普及させるために、
やつは株式会社を設立。自給自足できる社会づくりを目指す。
月間100万アクセスのWEBサイト「天下泰平」ブログ執筆者。

天下泰平 ～滝沢泰平 公式ブログ～
http://tenkataihei.com

やつは ー 八ヶ岳 Life Shop
http://www.yatsuha.com

やつナビ
http://yatsunavi.com

きれい・ねっと
この星の未来を創る一冊を

宇宙学校

アースリングコミュニティ

2020年11月11日　初版発行

著者　滝沢泰平
発行人　山内尚子
発行　株式会社 きれい・ねっと
〒670-0904　兵庫県姫路市塩町91
TEL：079-285-2215 / FAX：079-222-3866
http://kilei.net

発売元　株式会社 星雲社（共同出版社・流通責任出版社）
〒112-0005　東京都文京区水道1-3-30
TEL：03-3868-3275 / FAX：03-3868-6588
デザイン　eastgraphy

ISBN 978-4-434-28149-5